Pasta

REZEPTE VON KLASSISCH
BIS BESONDERS

Brigitte
KOCHBUCH-EDITION

Pasta

REZEPTE VON KLASSISCH BIS BESONDERS

EDEL

Inhaltsverzeichnis

Das große Nudelglück

Allein schon diese Namen: Tortiglioni, Ravioli, Papardelle, Orecchiette … So sinnliche Wörter für ein eigentlich so simples Lebensmittel, das man nur in heißes Wasser geben muss, um Minuten später ein großartiges Essen auf dem Tisch zu haben. Der Gedanke an Pasta sorgt automatisch für schöne Bilder im Kopf: eine lange Tafel mit einer großen Schüssel dampfender Spaghetti, leuchtend rote Tomaten, himmlische Sahnesaucen, duftendes Basilikum, frisch geriebener Parmesan – und viele glückliche Gesichter. Wissenschaftlich ist das erklärbar – es liegt an den komplexen Kohlenhydraten, die in Nudeln enthalten sind und denen nachgesagt wird, dass sie die Produktion von Glückshormonen anregen. Aber es gibt natürlich noch mehr Gute-Laune-Faktoren: Pastagerichte sind herrlich unkompliziert, extrem vielseitig und deshalb die Lieblinge aller Köche. Sie lassen sich je nach Anlass oder Budget immer wieder anders zubereiten – und das Wichtigste: Sie schmecken schlicht und ergreifend köstlich.

Probieren Sie sich durch unsere beliebten Rezepte aus der BRIGITTE, die wir in vier Kapitel eingeteilt haben: klassisch mediterran wie aus der Küche von La Mamma, herrlich bunt (und fleischlos) mit viel frischem Gemüse, kreativ mit überraschenden Zutaten kombiniert und fernöstlich inspiriert mit exotischen Nudelsorten. Denn nicht nur aus Italien kommen wunderbare Nudel-Variationen! Eines versprechen wir Ihnen schon jetzt: Glücklich machen sie alle.

Klassisch mediterran

Wir kennen sie aus dem Urlaub oder vom
Lieblingsitaliener um die Ecke: Pasta mit würziger
Bolognese, einer aromatischen Sauce aus
sonnengereiften Tomaten oder frischem Basilikum-
Pesto, eine goldbraun gebackene Lasagne oder gefüllte
Ravioli. Und obwohl auf der ganzen Welt Nudeln
gegessen werden, wird vor allem italienische Pasta
heiß geliebt und ist den meisten besonders
ans Herz gewachsen. Freuen Sie sich auf viele
köstliche Klassiker, die das wahre Nudelglück vom
Mittelmeer direkt in Ihre Küche bringen

Spaghetti Bolognese

Sie ist die Königin unter den Nudelsaucen und will, dass man ihr viel Zeit gibt.
Dann ist sie eine wahre Köstlichkeit

ZUTATEN

4 Portionen

1 große Zwiebel
1 Knoblauchzehe
2–3 Möhren
2 Stangen Staudensellerie
2 EL Butterschmalz
300 g Beefsteakhack
200 g Mett (gewürztes
Schweinehack)
Zucker
1 gehäufter EL Tomatenmark
1 Lorbeerblatt
5 Stiele Thymian
½ TL Edelsüß-Paprikapulver
frisch gemahlener Pfeffer
1 kleines Stück Speckschwarte
1 Dose geschälte Tomaten (850 g)
100 ml Rot- oder Weißwein
200–300 ml Rinderbrühe
oder -fond
etwa 150 ml Tomatensaft
etwas Milch oder Sahne
Meersalz

Fertig in
2 Stunden 30 Minuten

Pro Portion
ca. 405 kcal, E 30 g,
F 25 g, KH 10 g

Dazu Spaghetti und frisch
geriebener Parmesan-
Käse

→ Die Zwiebel und den Knoblauch abziehen und fein würfeln. Möhren und Sellerie putzen, abspülen und fein würfeln. 1 EL Butterschmalz in einer großen beschichteten Pfanne erhitzen, das Gemüse darin bei mittlerer Hitze etwa 10 Minuten braten. Herausnehmen und beiseitestellen.

→ Restliches Butterschmalz in die heiße Pfanne geben. Hack und Mett dazugeben und bei starker Hitze so lange braten, bis das Hack braun angebraten ist und sich Röststoffe gebildet haben (das dauert etwa 15 Minuten). Dabei das Fleisch mit einem Pfannenwender immer wieder zerdrücken, damit es krümelig wird. Zum Schluss mit einer großen Prise Zucker würzen.

→ Das Tomatenmark unterrühren und noch weitere 3 Minuten braten. Dann das gebratene Gemüse, Lorbeer und die abgespülten Thymianzweige dazugeben und mit Paprika und Pfeffer würzen. Speckschwarte, Tomaten mit der Flüssigkeit und Wein zufügen und alles unter Rühren so lange schmoren, bis die Flüssigkeit verdampft ist.

→ Die Brühe dazugießen und bei kleiner Hitze 1½–2 Stunden schmoren lassen. Gelegentlich umrühren, je nach Bedarf etwas Tomatensaft dazugießen, falls die Sauce zu dick ist. Zum Schluss so viel Tomatensaft dazugießen, dass die Sauce die richtige Konsistenz hat.

→ Lorbeer, Thymianzweige und die Speckschwarte herausnehmen. Die Bolognese gut verrühren und eventuell einen Schuss Milch oder Sahne dazugießen – dadurch wird die Sauce weicher und milder. Zum Schluss mit Salz, Pfeffer und Zucker abschmecken.

Tipps

Wer Zeit hat, sollte immer wieder kontrollieren, Flüssigkeit nachgießen und die Pfanne offen lassen. Sonst Deckel drauf, damit die Flüssigkeit nicht verdampft und nichts anbrennt.

Statt Wein geht's auch mit Fond oder Brühe.

Bolognese lässt sich gut einfrieren, also am besten gleich die doppelte Menge kochen.

Pasta mit Pesto

Wer die frische Basilikumpaste jemals selbst gemacht hat, will nie wieder
eine gekaufte – wie gut, dass sie so einfach ist

ZUTATEN

2 Portionen, vegetarisch

180 g Nudeln (z. B. Rigatoni
oder Penne)
Salz

PESTO

2 EL Pinienkerne
4 frische Knoblauchzehen
1 Bund Basilikum
5 EL Gemüsebrühe
2 EL kalt gepresstes Rapsöl
5 EL frisch geriebener Parmesan-
Käse
frisch gemahlener Pfeffer

←— Die Nudeln in reichlich Salzwasser nach Packungsanweisung bissfest kochen.

FÜR DAS PESTO

←— Die Pinienkerne in einer Pfanne ohne Fett anrösten. Knoblauch abziehen. Basilikum kurz kalt abspülen, trocken tupfen und die Blätter zusammen mit den Pinienkernen, Knoblauch, Brühe und Öl im Blitzhacker pürieren. Parmesan unterrühren.

←— Die Nudeln in einem Sieb abtropfen lassen und mit dem Pesto verrühren. Mit Salz und Pfeffer abschmecken.

Fertig in 30 Minuten

Pro Portion
ca. 650 kcal, E 23 g,
F 33 g, KH 66 g

Dazu Tomatensalat

Spaghetti Napoli

Die lieben Kinder und alle, die es tomatig,
schlicht und ergeifend mögen

ZUTATEN

4 Portionen, vegetarisch

800 g Tomaten
2 weiße Zwiebeln
2 Knoblauchzehen
2 EL Olivenöl
Salz
frisch gemahlener Pfeffer
evtl. 1 EL Tomatenmark
400 g Spaghetti
½ Bund Basilikum
50 g frisch geriebener Grana
Padano (ital. Hartkäse)

► Tomaten mit kochendem Wasser überbrühen, mit kaltem
Wasser abspülen und häuten. Tomaten vierteln, dabei den
Stängelansatz entfernen. Die Tomatenviertel würfeln.

► Zwiebeln und Knoblauch abziehen, würfeln und im heißen
Öl glasig dünsten. Tomatenwürfel dazugeben und ohne Deckel
etwa 10 Minuten kochen lassen, bis eine sämige Sauce entstanden ist. Sauce mit Salz und Pfeffer und eventuell Tomatenmark, falls die Tomaten nur ein mildes Aroma hatten, abschmecken.

► Spaghetti nach Packungsanweisung in Salzwasser bissfest
(al dente) kochen.

► Basilikum abspülen, trocken schütteln, Blättchen in Streifen
schneiden. Spaghetti abgießen und zusammen mit der Sauce
servieren. Geriebenen Käse und Basilikum darüberstreuen.

Fertig in 40 Minuten

Pro Portion
ca. 500 kcal, E 19 g,
F 14 g, KH 75 g

Kräuternudeln

MIT SARDINEN

Frische Kräuter wie Dill, Petersilie und Minze zaubern zusammen mit den
Sardinen mühelos Urlaubsfeeling auf den Tisch

ZUTATEN

4 Portionen

25 g Mandelblättchen
1 Knoblauchzehe
1 TL Öl
je 1 kleines Bund Dill
glatte Petersilie und Minze
2 Dosen Sardinen in Öl
(à 88 g Abtropfgewicht)
1 kleine rote Chilischote
400 g Nudeln (z. B. Bavette)
Salz

— Die Mandelblättchen in einer Pfanne ohne Fett etwas anrösten, dann herausnehmen. Den Knoblauch abziehen, in dünne
Scheiben schneiden und in 1 TL Öl kurz braten. Die Kräuter
abspülen, trocken tupfen und fein hacken.

— Die Sardinen abgießen, dabei das Öl auffangen. Die Chilischote abspülen, trocken tupfen, putzen und in sehr dünne Ringe
schneiden (mit Küchenhandschuhen arbeiten).

— Nudeln nach Packungsanweisung in Salzwasser bissfest kochen. Abgießen und eine Kelle Kochwasser (etwa 100 ml) zurück
in den heißen Topf mit den Nudeln geben. Die Kräuter, den
Knoblauch, Chili, Sardinen und etwas Sardinenöl kurz untermischen.

— Zum Schluss die Mandelblättchen über die Nudeln streuen.

 Fertig in 15 Minuten

 Pro Portion
ca. 465 kcal, E 22 g,
F 10 g, KH 70 g

Spaghetti aglio e olio

Knoblauch, Chili, Petersilie und bestes Olivenöl – mehr brauchen Sie nicht,
um schnell mal eben Glück zu haben

ZUTATEN

2 Portionen, vegetarisch

250 g Spaghetti
Meersalz
3–4 Knoblauchzehen
½ Bund glatte Petersilie
1 rote Chilischote
5 EL Olivenöl
frisch gemahlener Pfeffer

— Spaghetti in kochendes Salzwasser geben und nach Packungsanweisung bissfest kochen. Die Spaghetti in ein Sieb gießen und
kurz kalt abspülen.

— Knoblauch abziehen und in Scheiben schneiden. Petersilie
abspülen, trocken schütteln und fein hacken. Die Chilischote
abspülen, trocknen, halbieren, entkernen und das Fruchtfleisch
fein würfeln (dabei mit Küchenhandschuhen arbeiten).

— Das Öl in einer großen Pfanne erhitzen. Knoblauch, Petersilie
und Chili darin bei mittlerer Hitze glasig dünsten.

— Die tropfnassen Nudeln dazugeben, kurz im Knoblauchöl
schwenken, dabei alles gut mischen und sofort servieren.

 Fertig in 25 Minuten

 Pro Portion
ca. 720 kcal, E 16 g,
F 34 g, KH 87 g

 Dazu frisch geriebener
Parmesan-Käse

Hausgemachte Ravioli

MIT TOMATEN UND BRÖSELN

In den selbst gemachten Nudelecken steckt frische Ricottacreme, serviert wird das Ganze mit Ofentomaten und Knoblauchbröseln. Unbedingt probieren!

ZUTATEN
2 Portionen, vegetarisch

NUDELTEIG
125 g Mehl
1 Ei
1 TL Olivenöl
¼ TL Salz
1 Eigelb zum Bestreichen

FÜLLUNG
½ Bio-Zitrone
200 g Ricotta-Käse
1 Eigelb
2 EL Semmelbrösel
30 g frisch geriebener
Parmesan-Käse
frisch gemahlener Pfeffer

TOMATEN UND BRÖSEL
1 EL Olivenöl
1 EL brauner Rohrzucker
1 EL Balsamessig
300 g Kirschtomaten
1 kleines Stück Fladenbrot
vom Vortag (30 g)
1 frische Knoblauchzehe
2 EL Olivenöl

Basilikumblätter zum Bestreuen

Fertig in
1 Stunde 20 Minuten

Pro Portion
ca. 845 kcal, E 28 g,
F 47 g, KH 76 g

FÜR DEN NUDELTEIG

⟶ Mehl, Ei, Öl, Salz und 2–3 EL kaltes Wasser zu einem geschmeidigen Teig verkneten. Das geht am besten in der Küchenmaschine. Den Nudelteig dann mit den Händen einige Minuten kräftig kneten, bis er durch und durch glatt und geschmeidig ist und nicht mehr an den Händen klebt. Eine Schüssel mit heißem Wasser ausspülen und den Teigkloß darunter etwa 30 Minuten ruhen lassen, damit das Mehl quellen kann.

⟶ Den Teig nochmals kräftig mit den Händen kneten. In Portionen durch eine Nudelmaschine drehen (nächste Seite, Foto 1). Dabei den Walzenabstand immer enger stellen, bis die richtige Nudelstärke erreicht ist. Teig in etwa 5 cm große Quadrate schneiden (Foto 2).

FÜR DIE FÜLLUNG

⟶ Inzwischen die Zitrone heiß abspülen, trocken tupfen und die Schale fein abreiben. Alle Zutaten verrühren und mit Salz und Pfeffer abschmecken.

⟶ 14–16 Teigquadrate mit je 1 TL Füllung in der Mitte belegen oder eine Spritztülle dafür verwenden (Foto 3). Die Teigränder rundherum mit etwas verquirltem Eigelb bestreichen und mit je einem zweiten Teigquadrat belegen (Foto 4–5). Teigränder rund um die Füllung leicht andrücken. Die Ränder mit einem gewellten Kuchenrädchen gerade schneiden (Foto 6).

⟶ Den Backofen auf 200 Grad, Umluft 180 Grad, Gas Stufe 4 vorheizen.

FÜR DIE TOMATEN UND BRÖSEL

⟶ Olivenöl, Zucker, Essig, Salz und Pfeffer in einer Schüssel verrühren. Tomaten abspülen, trocken tupfen, halbieren und

Tipps

Wer Ravioli nicht selber machen möchte, kauft sie fertig aus dem Kühlregal oder auf dem Wochenmarkt und serviert sie mit den Tomaten und Bröseln. Auch gut: Die Füllung in fertige Wan-Tan-Blätter aus dem Asialaden geben.

mit der Ölmischung verrühren. Die Tomaten mit der Marinade auf ein Backblech geben und 10 Minuten im Backofen rösten (Foto 7). Tomaten herausnehmen.

— Ravioli in sprudelndem Salzwasser 4–5 Minuten kochen, mit einer Schaumkelle herausnehmen und in einem Sieb abtropfen lassen (Foto 8).

— Fladenbrot zerkrümeln. Knoblauch abziehen und zerdrücken. Öl in einer Pfanne erhitzen. Brotkrümel und Knoblauch darin anbraten. Ravioli und Tomaten dazugeben, kurz schwenken. Basilikum abspülen, trocken schütteln, zerpflücken und darüberstreuen (Foto 9). Sofort servieren.

Ravioli mit Ricotta und Salbei

Während der Nudelteig ruhen muss, können Sie entspannt die köstliche Füllung zubereiten und den Tisch decken

ZUTATEN

4 Portionen, vegetarisch

NUDELTEIG

200 g Pasta-Mehl (ersatzweise Mehl Type 550)
2 Eier
1 TL Salz
Mehl zum Bearbeiten

FÜLLUNG

1 Knoblauchzehe
80 g Parmesan-Käse
200 g Ricotta (italienischer Frischkäse)
1 kleines Eigelb
frisch gemahlener Pfeffer
evtl. Cayennepfeffer

1 Bund Salbei
70 g Butter

1 Eiweiß zum Bestreichen
1 TL Öl für das Kochwasser

FÜR DEN NUDELTEIG

← Mehl, Eier, 2 EL kaltes Wasser und Salz zuerst mit einem Löffel, danach mindestens 10 Minuten mit den Händen zu einem geschmeidigen Nudelteig verkneten. In Folie bei Zimmertemperatur 1 Stunde ruhen lassen.

FÜR DIE FÜLLUNG

← Knoblauch schälen und fein hacken. Parmesan fein reiben. Mit Ricotta, Eigelb und Knoblauch verrühren. Die Füllung mit Salz, Pfeffer und eventuell Cayennepfeffer würzen.

← Den Nudelteig nochmals mit den Händen durchkneten und am besten mit einer Nudelmaschine (Einstellung 5) zu 4 dünnen Teigbahnen von etwa 40 × 12 cm Größe ausrollen. 2 Teigbahnen auf eine leicht bemehlte Arbeitsfläche legen und im Abstand von etwa 2 cm je 1 TL Füllung auf den Teig geben. Rund um die Füllung etwas Eiweiß zum Kleben streichen.

← Die anderen beiden Teigbahnen darauflegen. Den Teig um die Füllung herum fest andrücken. Mit einem gewellten Teigrädchen insgesamt etwa 30 Ravioli von 5 cm Seitenlänge ausschneiden.

← Die Ravioli portionsweise in siedendem Salzwasser mit etwas Öl etwa 8 Minuten gar ziehen lassen. Mit einer Schaumkelle aus dem Wasser heben und in einer Schüssel warm halten.

← Salbei abspülen und trocken tupfen. Butter in einer Pfanne erhitzen, Salbeiblätter darin hell bräunen und über die Ravioli geben. Oder Ravioli in heißer Salbeibutter schwenken. Sofort servieren.

Ohne Wartezeit fertig in 1 Stunde

Pro Portion
ca. 580 kcal, E 23 g, F 38 g, KH 36 g

Tipps

*Wenn's schnell gehen soll, einfach
fertige Wan-Tan-Teigblätter nehmen
(gibt's tiefgefroren im asiatischen
Supermarkt). Ricotta können Sie auch
durch Ziegenfrischkäse oder eine Paste
aus pürierten Zwiebeln, Parmesan
und Brot ersetzen.*

Tris di pasta

Drei für alle Fälle: tomatig, sahnig oder würzig – alle lassen sich super
vorbereiten und sind das perfekte Party-Trio

ZUTATEN

4 Portionen, vegetarisch

TOMATENSAUCE

1 Zwiebel
1 Knoblauchzehe
50 g getrocknete Tomaten (ohne Öl)
1 EL Olivenöl
1 EL Tomatenmark
1 Dose gehackte Tomaten (400 g)
¼ TL gemahlener Chili
1 TL Ahornsirup
Meersalz, frisch gemahlener Pfeffer

SAHNESAUCE

200 g Doppelrahmfrischkäse
200 g Schlagsahne
1 kleine Bio-Zitrone
1 Bund Dill
20 g abgetropfte Kapern

OLIVEN-KRÄUTER-SAUCE

50 g Pinienkerne
35 g Parmesan-Käse
80 g entsteinte grüne Oliven
1 Bund krause Petersilie
3–4 EL Olivenöl

500 g Pasta (z. B. Spaghetti)

 Fertig in 45 Minuten

 Tomatensauce pro Portion
ca. 55 kcal, E 1 g, F 3 g,
KH 5 g; Sahnesauce pro
Portion ca. 340 kcal, E 6 g,
F 34 g, KH 4 g; Oliven-
Kräutersauce pro Portion
ca. 240 kcal, E 5 g, F 23 g,
KH 3 g

FÜR DIE TOMATENSAUCE

—• Zwiebel und Knoblauch abziehen und fein würfeln. Getrocknete Tomaten fein hacken. Das Öl in einer Pfanne erhitzen, Zwiebel, Knoblauch, getrocknete Tomaten und das Tomatenmark darin andünsten. Gehackte Tomaten aus der Dose und Chili dazugeben und bei mittlerer Hitze etwa 10–15 Minuten unter gelegentlichem Rühren köcheln lassen. Mit Ahornsirup, Salz und Pfeffer abschmecken.

FÜR DIE SAHNESAUCE

—• Den Frischkäse und die Sahne in einer Pfanne unter Rühren bei mittlerer Hitze schmelzen lassen.

—• Die Zitrone heiß abspülen, trocken tupfen und die Schale fein reiben. Den Saft auspressen. Dill abspülen, trocken schütteln und fein hacken. Zitronensaft und -schale, Kapern und Dill unter die heiße Frischkäsesauce rühren. Mit viel Pfeffer und etwas Salz würzen.

FÜR DIE OLIVEN-KRÄUTER-SAUCE

—• Die Pinienkerne in einer Pfanne ohne Fett goldgelb rösten, kurz abkühlen lassen und hacken. Den Käse fein reiben. Oliven fein hacken. Die Petersilie abspülen, trocken schütteln und ebenfalls fein hacken.

—• Alle vorbereiteten Zutaten, das Olivenöl und 2–3 EL Wasser verrühren. Die Olivensauce mit Salz und Pfeffer würzen.

—• Spaghetti in kochendes Salzwasser geben und nach Packungsanweisung bissfest (al dente) kochen, abgießen und ein Drittel der Nudeln gleich mit der Olivensauce mischen. Die restlichen Nudeln entweder in zwei Portionen teilen und ebenfalls schon mit den jeweiligen Saucen mischen oder in einer großen Schüssel mit den Saucen separat (zum selber aufgeben) servieren.

Tipps

*Jede Sauce schmeckt auch für sich
alleine gut und reicht für 3–4 Portionen.
Wenn Sie alle drei Saucen machen,
bleibt sicher etwas übrig. Die Saucen
halten sich aber gut verschlossen im
Kühlschrank 2–3 Tage.*

*Etwas leichter wird die Sahnesauce
mit Kochsahne (15 % Fett) statt
Schlagsahne.*

Penne Pomodoro

Diese Pasta ist blitzschnell zubereitet und mit gebratenem Speck
und Oliven wunderbar würzig

ZUTATEN

2 Portionen

80 g Frühstücksspeck in Scheiben
(Bacon; am besten Bio)
1 Knoblauchzehe
80 g entsteinte Oliven (schwarz
oder grün; in Öl eingelegt)
4 Tomaten
180 g Penne-Nudeln
Salz
2 EL Olivenöl
frisch gemahlener Pfeffer
1 Prise Zucker
Basilikum zum Bestreuen

— Speck in kleinere Stücke schneiden. Knoblauch abziehen und fein hacken. Oliven eventuell grob schneiden. Tomaten abspülen und in 1 cm große Stücke schneiden. Nudeln in reichlich kochendem Salzwasser nach Packungsangabe bissfest kochen.

— Inzwischen 1 EL Öl in einer Pfanne erhitzen und den Speck darin knusprig braten. Herausnehmen. Restliches Öl in die Pfanne geben. Knoblauch, Tomaten und Oliven darin 2 Minuten braten.

— Nudeln abgießen, dabei 100 ml Nudelwasser auffangen und zu den Tomaten in die Pfanne gießen, aufkochen lassen. Die Sauce mit Salz, Pfeffer und Zucker abschmecken. Die abgetropften Nudeln untermischen.

— Penne anrichten, Speckstücke darüberstreuen. Mit Basilikumblättchen bestreuen.

Fertig in 30 Minuten

Pro Portion
ca. 660 kcal, E 20 g,
F 34 g, KH 66 g

Dazu gehobelter
Parmesan-Käse

Pasta Tonnata

Die Tunfischsauce, die an »Vitello Tonnato« erinnert, passt wunderbar zu Nudeln
und ist mit Kapernäpfeln on top eine Sensation

ZUTATEN

4 Portionen

1 Zwiebel
3 Stangen Staudensellerie
1 Bio-Zitrone
400 g Spaghetti
Salz
3 EL Olivenöl
100 ml Gemüsebrühe
150 g Schlagsahne
2 Dosen Tunfisch im eigenen Saft
(à 185 g Abtropfgewicht)
frisch gemahlener Pfeffer
½ Bund glatte Petersilie
6–8 eingelegte Kapernäpfel

→ Die Zwiebel abziehen und fein würfeln. Den Sellerie putzen und abspülen. Die Stangen entfädeln und fein würfeln. Die Zitrone heiß abspülen und gut trocken tupfen. Die Hälfte der Schale fein abreiben und den Zitronensaft auspressen.

→ Spaghetti nach Packungsanweisung in reichlich Salzwasser bissfest kochen. Nudeln abgießen und in einem Sieb gut abtropfen lassen.

→ Das Öl in einem Topf erhitzen und Zwiebelwürfel und Sellerie darin glasig dünsten. Die Brühe dazugießen und alles 4 Minuten kochen lassen. Die Sahne unterrühren.

→ Den Tunfisch gut abtropfen lassen, in den Topf geben und mit einer Gabel zerpflücken. Alles mit dem Stabmixer pürieren.

→ 1 EL Zitronensaft und die Zitronenschale dazugeben. Mit Salz und Pfeffer würzen. Petersilie abspülen, trocken schütteln und die Blätter grob hacken. Kapernäpfel abtropfen lassen, Stiele abschneiden und die Früchte vierteln.

→ Spaghetti, Tunfischsauce, Kapern und Petersilie mischen. Anrichten und sofort servieren.

 Fertig in 40 Minuten

 Pro Portion
ca. 655 kcal, E 38 g,
F 24 g, KH 71 g

Spaghetti mit Oliven und Tomaten

Nur drei Dinge braucht diese Pasta, um ein vollmundiges mediterranes Aroma zu entfalten. Die Kapern sorgen für die besondere würzige Note

ZUTATEN

2 Portionen, vegetarisch

250 g Spaghetti
Salz
50 g getrocknete Tomaten in Öl
2 EL Kapern in Meersalz
40 g entsteinte schwarze Oliven
½ Bund glatte Petersilie
2 EL gutes Olivenöl (oder evtl.
das Öl von den Tomaten nehmen)
frisch gehobelter Parmesan-Käse

▸— Spaghetti in reichlich kochendem Salzwasser nach Packungsanweisung bissfest kochen. In ein Sieb gießen, kurz abtropfen lassen und dabei 6–8 EL Nudelkochwasser auffangen.

▸— Inzwischen die Tomaten abtropfen lassen und in Streifen schneiden. Das Salz von den Kapern kurz abspülen. Oliven grob hacken. Petersilie abspülen, trocken schütteln, die Blätter abzupfen und grob hacken.

▸— Das Öl in einer großen Pfanne erhitzen und Tomaten, Kapern und Oliven darin kurz anbraten. Spaghetti, Petersilie und etwas Nudelwasser in die Pfanne geben und alles gut mischen. So viel Nudelwasser zufügen, dass die Spaghetti nicht trocken sind.

▸— Spaghetti auf Tellern anrichten und mit Parmesan bestreuen.

Fertig in 30 Minuten

Pro Portion
ca. 705 kcal, E 20 g,
F 27 g, KH 94 g

Lasagnette

IN WÜRZIGER TOMATENSAUCE

Die breiten Nudeln mit welliger Kante nehmen besonders gut die Sauce auf.
Ersatzweise gehen aber auch breite Bandnudeln

ZUTATEN

4 Portionen

1 rote Zwiebel
1 Knoblauchzehe
2 eingelegte Sardellen
30 g Kapern (aus dem Glas)
2 kleine rote Chilischoten
4 EL Olivenöl
1 EL Tomatenmark
1 Dose geschälte Tomaten
(800 g)
1 Bund Oregano
Salz
frisch gemahlener Pfeffer
1–2 TL Honig
400 g Lasagnette-Nudeln

— Zwiebel und Knoblauch abziehen und fein würfeln. Sardellen abspülen, trocken tupfen und fein hacken. Kapern abtropfen lassen. Die Chilischoten abspülen, putzen und fein hacken (mit Küchenhandschuhen arbeiten).

— 2 EL Öl in einem Topf erhitzen. Zwiebel, Knoblauch, Sardellen, Kapern, Chili und Tomatenmark darin anbraten. Dosentomaten dazugeben. Alles bei mittlerer Hitze ohne Deckel 30 Minuten kochen lassen. Dabei die Tomaten mit dem Kochlöffel zerdrücken.

— Oregano abspülen, trocken schütteln und die Blättchen von den Stielen zupfen. 1 EL Blättchen beiseitestellen und den Rest fein hacken.

— Die Tomatensauce mit Salz, Pfeffer und Honig abschmecken. Zum Schluss das restliche Olivenöl und den gehackten Oregano unterrühren.

— Nudeln in reichlich Salzwasser nach Packungsanweisung bissfest kochen. Kurz abtropfen lassen, dann unter die heiße Tomatensauce heben. Mit den restlichen Oreganoblättchen bestreuen.

 Fertig in 50 Minuten

 Pro Portion
ca. 500 kcal, E 14 g,
F 15 g, KH 75 g

Grüne Bandnudeln

MIT GORGONZOLA-SPINAT-SAUCE

Grüne Welle für Pastafans. Der rosa Pfeffer leuchtet den Weg und sorgt für feine Schärfe in der würzigen Käsesauce

ZUTATEN

4 Portionen, vegetarisch

1 Knoblauchzehe
400 ml Milch
1 kleine Bio-Zitrone
100 g junge Spinatblätter
350 g grüne Bandnudeln
Salz
200 g Gorgonzola-Käse
frisch gemahlener Pfeffer
rosa Pfefferbeeren

— Knoblauch abziehen und halbieren. Knoblauch und Milch in einem Topf aufkochen. Bei mittlerer Hitze etwa 10 Minuten einkochen lassen, dabei einen Metalllöffel in den Topf stellen, damit die Milch nicht überkocht. Zitrone heiß abspülen, trocken tupfen und die Schale fein abreiben.

— Spinat abspülen, verlesen und eventuell kleiner schneiden. Die Milch durch ein Sieb gießen, wieder aufkochen und die Spinatblätter etwa 2 Minuten darin kochen lassen. Abgeriebene Zitronenschale unterrühren.

— Die Bandnudeln in reichlich kochendem Salzwasser nach Packungsanweisung bissfest garen.

— Die Spinatsauce vom Herd nehmen und den Gorgonzola unter Rühren darin schmelzen lassen. Sauce mit Salz und Pfeffer würzig abschmecken.

— Die Bandnudeln in ein Sieb gießen, kurz abtropfen lassen und mit der Gorgonzola-Spinat-Sauce mischen. Auf Tellern anrichten und mit rosa Pfefferbeeren bestreuen. Sofort servieren.

 Fertig in 30 Minuten

 Pro Portion
ca. 555 kcal, E 25 g,
F 22 g, KH 65 g

Tipp

Gorgonzola ist sehr würzig. Wer es
milder mag, nimmt cremigen Gorgonzola,
der weniger dominant ist.

Spaghetti mit Speck und Ei

Wenn sich Eigelb und Petersilienöl verbinden und mit Pasta und Speck von der Gabel in den Mund wandern, dann ist alles gut

ZUTATEN

4 Portionen, als Vorspeise

100 g geräucherter durch-
wachsener Speck
½ Bund krause Petersilie
200 g Spaghetti
Salz
4 Eier
3 EL Olivenöl
frisch gemahlener Pfeffer

— Den Speck in feine Würfel schneiden und in einer beschichteten Pfanne ohne Fett langsam goldbraun ausbraten. Auf Küchenkrepp abtropfen lassen. Die Petersilie abspülen, trocken tupfen und sehr fein hacken.

— Spaghetti nach Packungsanweisung in Salzwasser bissfest kochen.

— Die Eierschalen anpieksen. Eier in einen Topf geben und so viel Wasser zufügen, dass die Eier zur Hälfte im Wasser liegen. Mit Deckel aufkochen und bei mittlerer Hitze etwa 4 Minuten wachsweich kochen. Eier abgießen, kurz kalt abspülen und pellen (siehe Tipp).

— Spaghetti in ein Sieb gießen, etwas abtropfen lassen und mit Olivenöl und Petersilie mischen.

— Die Spaghetti auf Tellern anrichten und jeweils ein Ei darauf anrichten. Das Ei eventuell bis zum Eigelb einschneiden. Mit Speck und Pfeffer bestreuen und sofort servieren.

Fertig in 20 Minuten

Pro Portion
ca. 450 kcal, E 18 g,
F 26 g, KH 35 g

Dazu geriebener Parmesan-Käse und frischer Blattsalat mit Joghurt-Dressing

Tipp

*Ganz frische Eier lassen sich
nach dem Kochen nur schwer pellen,
besonders weich gekochte.
Für dieses Gericht können die Eier
gern schon 1 Woche alt sein.*

Muschelnudeln

MIT STEINPILZFÜLLUNG

Die lecker gefüllten Nudeln aus dem Ofen lassen sich super
vorbereiten und sind perfekt für Gäste

ZUTATEN

3 Portionen, vegetarisch

25 g getrocknete Steinpilze
3 Schalotten
1 kleines Bund Thymian
1 EL Butter
2 EL Semmelbrösel
200 g Frischkäse
Salz
frisch gemahlener Pfeffer
2 Tomaten
etwa 180 g große Muschelnudeln
(Conchiglioni)
125 g Mozzarella-Käse
Fett für die Form

Fertig in
1 Stunde 10 Minuten

Pro Portion
ca. 630 kcal, E 27 g,
F 35 g, KH 51 g

← Steinpilze in 450 ml heißem Wasser etwa 15 Minuten einweichen. Schalotten abziehen und in feine Würfel schneiden. Den Thymian abspülen, trocken schütteln und die Blättchen von den Stielen zupfen. Butter in der Pfanne erhitzen. Schalottenwürfel, Semmelbrösel und die Hälfte der Thymianblättchen etwa 5 Minuten darin braten. Abkühlen lassen.

← Die Steinpilze in einem Sieb abtropfen lassen, den Sud dabei auffangen. Steinpilze etwas kleiner schneiden und mit Frischkäse, etwa 50 ml vom aufgefangenen Pilzsud und der abgekühlten Schalottenmischung verrühren. Die Füllung mit Salz und Pfeffer würzen.

← Die Tomaten abspülen, den Stielansatz herausschneiden und das Fruchtfleisch in Scheiben schneiden.

← Nudeln in Salzwasser nach Packungsanweisung kochen und etwa 2 Minuten vor Ende der Garzeit in ein Sieb abgießen. Muschelnudeln auf einem Geschirrtuch kurz abtropfen lassen.

← Den Backofen auf 200 Grad, Umluft 180 Grad, Gas Stufe 4 vorheizen.

← Eine Auflaufform fetten und mit der Hälfte der Tomatenscheiben auslegen. Tomaten mit Salz, Pfeffer und den restlichen Thymianblättchen würzen. Die Füllung am besten mit einem Teelöffel in die Nudeln geben. Muschelnudeln mit der Öffnung nach oben auf die Tomaten in die Form setzen.

← Mozzarella abtropfen lassen und in Scheiben schneiden. Restlichen Pilzsud über die Nudeln gießen. Mozzarella und die restlichen Tomatenscheiben auf die Nudeln legen. Im Ofen etwa 30 Minuten goldbraun überbacken.

Tipp

Wenn es mal schnell gehen soll, können Sie statt der selbst gemachten Füllung auch einfach einen fertigen Frischkäse mit gehackten Steinpilzen verwenden. Für unser Rezept benötigen Sie davon dann gut 250–300 g.

Makkaroni al forno

Ein Liebling seit Kindertagen und einer der Top-Favoriten
der Pasta-Klassiker

ZUTATEN

5 Portionen

250 g Makkaroni (kurz)
Salz
1 EL Olivenöl
250 g Schinken (gekocht;
am Stück)
1 Stange Porree (200 g)
1 Knoblauchzehe
400 g Tomaten
200 g Crème fraîche
2 Eier
frisch gemahlener Pfeffer
frisch geriebene Muskatnuss
100 g Hartkäse (z. B. Grana
Padano)
Fett (für die Form)

▸— Die Makkaroni nach Packungsanweisung in reichlich sprudelndem Salzwasser bissfest kochen. Nudeln in ein Sieb gießen,
mit kaltem Wasser abspülen und abtropfen lassen. Das Olivenöl
unter die Makkaroni mischen.

▸— Inzwischen den Schinken fein würfeln. Den Porree putzen,
abspülen und in feine Ringe schneiden. Knoblauch abziehen
und hacken. Nudeln, Schinken, Porree und Knoblauch mischen.
Tomaten abspülen, putzen und in Scheiben schneiden, dabei
den Stängelansatz entfernen.

▸— Den Backofen auf 200 Grad, Umluft 180 Grad, Gas Stufe 4
vorheizen.

▸— Die Hälfte der Nudel-Schinken-Mischung auf dem Boden
einer rechteckigen, ofenfesten und gefetteten Form (etwa
30 × 17 cm Größe) geben. Die Tomatenscheiben darauf verteilen
und mit der restlichen Nudel-Schinken-Mischung bedecken.
Crème fraîche und Eier verrühren, kräftig mit Salz, Pfeffer und
Muskat würzen und über den Auflauf gießen. Form mit Alufolie
abdecken und im Ofen etwa 30 Minuten backen.

▸— Den Käse grob raffeln, über den Auflauf streuen und ohne
Alufolie weitere 15 Minuten backen.

Fertig in
1 Stunde 40 Minuten

Pro Portion
ca. 430 kcal, E 26 g,
F 20 g, KH 37 g

Cannelloni

Brauchen etwas Zeit, aber die Mühe lohnt sich: Mit Bolognese gefüllt und
in Béchamel gegart, schmecken selbst gemachte Nudelblätter
wie in Italien

ZUTATEN
4 Portionen

BOLOGNESE

1 Zwiebel
1 Möhre
1 Staudenselleriestange
60 g geräucherter durchwach-
sener Speck im Stück
25 g Butter
400 g gemischtes Bio-Hackfleisch
1 Gewürznelke
1 Lorbeerblatt
170 ml trockener Rotwein
(oder Brühe)
200 ml Gemüsebrühe
2 EL Tomatenmark
Meersalz
frisch gemahlener Pfeffer
1 Messerspitze geriebene
Muskatnuss
200 ml Milch
1 Bund glatte Petersilie

NUDELTEIG UND
BÉCHAMELSAUCE

(siehe Seite 47)

Fertig in
3 Stunden 30 Minuten

Pro Portion
ca. 985 kcal, E 43 g,
F 55 g, KH 74 g

FÜR DIE BOLOGNESE

— Zwiebel und Möhre schälen und würfeln. Staudensellerie
putzen und abspülen. Sellerie und Speck ebenfalls fein würfeln.

— Butter in einem Schmortopf erhitzen. Gemüse, Hackfleisch,
Nelke und Lorbeerblatt zufügen (nächste Seite, Foto 1–2). Unter
Rühren etwa 12 Minuten goldbraun braten. Wein und Brühe
dazugießen und so lange kochen, bis die Flüssigkeit verdampft ist.

— Tomatenmark, Salz, Pfeffer und Muskat unterrühren. Heiße
Milch dazugießen, zugedeckt bei kleiner Hitze etwa 1 Stunde
30 Minuten köcheln lassen. Die Bolognese soll nicht flüssig sein.
Zum Schluss die Petersilie abspülen, hacken und unter die Bolognese rühren.

FÜR DEN NUDELTEIG

— Mehl und Grieß mischen. Eier, Eigelbe und Salz zufügen und
alles zunächst mit den Knethaken des Handrührers, dann mit
den Händen zu einem glatten Nudelteig verkneten (Foto 3). Den
Teig in Folie gewickelt für 30 Minuten in den Kühlschrank stellen.

FÜR DIE BÉCHAMELSAUCE

— Die Butter in einem Topf zerlassen, das Mehl auf einmal dazugeben und so lange rühren, bis eine glatte Masse entstanden ist,
die Blasen wirft (Foto 4–5). Die Milch nach und nach mit einem
Schneebesen unterrühren und unter ständigem Rühren bei kleiner Hitze etwa 5 Minuten kochen (Foto 6). Die Hälfte des Par-
mesans unterrühren und die Sauce mit Salz, Pfeffer und Muskat
abschmecken.

— Den Backofen auf 180 Grad, Umluft 160 Grad, Gas Stufe 3
vorheizen.

NUDELTEIG

200 g Mehl (Type 550
z. B. von Aurora)
60 g Weizengrieß
2 Eier
2 Eigelb
1 TL Salz
Mehl zum Bearbeiten

BÉCHAMELSAUCE

60 g Butter
60 g Mehl
750 ml Milch
80 g frisch geriebener
Parmesan-Käse
frisch geriebene Muskatnuss
1 Eiweiß zum Bestreichen
Fett für die Form

▸— Den Nudelteig mit der Nudelmaschine portionsweise nicht zu dünn ausrollen (Foto 7). Nudelteig in Rechtecke von 11 × 14 cm Größe schneiden (Foto 8). Etwas Bolognese auf den Teigplatten verteilen und aufrollen, dabei die »Nahtstelle« mit etwas Eiweiß bestreichen und andrücken (Foto 9).

▸— Die Nudelrollen mit der Nahtstelle nach unten in eine gefettete ofenfeste Form legen. Die Béchamelsauce darübergießen und alles mit dem restlichen Parmesan bestreuen. Die Cannelloni in den Backofen schieben und etwa 1 Stunde backen.

Verdura

So frisch und knackig können Nudeln schmecken:
mit feinem Spargel im Frühling oder
aromatischer Rote Bete im Winter, mit herrlicher
Gemüse-Bolognese oder raffiniert gefüllt mit
Süßkartoffeln und Mais – frisches Gemüse der Saison
ist immer ein toller Pasta-Partner, Fleisch vermisst
da niemand mehr. Ganz nebenbei sind unsere
Lieblingsrezepte auch noch gesund. Aber vor allem:
unglaublich lecker!

Kürbis-Ricotta-Pasta

Wie praktisch: Hokkaido müssen Sie nicht schälen, er hat eine
weiche Schale, die man mitessen kann

ZUTATEN

2 Portionen, vegetarisch

350 g Hokkaido-Kürbis
1 Stück frischer Ingwer (1–2 cm)
1 Knoblauchzehe
2 Lauchzwiebeln
250 g Rigatoni-Nudeln
Salz
2 EL Olivenöl
2 EL brauner Zucker
125 ml Gemüsebrühe
frisch gemahlener Pfeffer
75 g Ricotta-Käse
½ Bund Basilikum
Parmesan zum Bestreuen

▸— Kürbis entkernen und das Fruchtfleisch in kleine Würfel oder schmale Spalten schneiden. Den Ingwer und die Knoblauchzehe schälen und beides fein hacken. Die Lauchzwiebeln putzen und abspülen. Lauchzwiebeln etwas schräg in sehr feine Ringe schneiden.

▸— Rigatoni nach Packungsanweisung in reichlich Salzwasser bissfest kochen. In ein Sieb geben und kurz abtropfen lassen.

▸— Das Olivenöl in einer großen Pfanne erhitzen und den Zucker darin bei mittlerer bis starker Hitze goldbraun karamellisieren lassen. Die Kürbiswürfel hineingeben und unter Wenden darin etwa 3 Minuten goldbraun braten. Den gehackten Ingwer und Knoblauch dazugeben und kurz mitbraten lassen.

▸— Die Lauchzwiebelringe untermischen und etwa 1 Minute mitschmoren lassen. Die Gemüsebrühe dazugießen und alles noch etwa 2 weitere Minuten kochen lassen. Kürbis mit Salz und Pfeffer würzen und mit den Rigatoni mischen. Den Ricotta in Flöckchen dazugeben und kurz mischen.

▸— Basilikum abspülen, trocken schütteln, die Blätter abzupfen, in feine Streifen schneiden und darüberstreuen. Mit etwas frisch gemahlenem Pfeffer und geriebenem Parmesan bestreuen und sofort servieren.

 Fertig in 25 Minuten

 Pro Portion
ca. 725 kcal, E 22 g,
F 21 g, KH 110 g

Vollkornravioli

MIT SPARGEL UND SAHNESAUCE

Selbst gemachte Ravioli sind die Pasta-Kür. Aber es lohnt sich.
Denn Ihre Gäste werden sie und Sie lieben!

ZUTATEN

8 Portionen, vegetarisch

NUDELTEIG

175 g Weizenvollkornmehl
75 g Buchweizenmehl
½ TL Meersalz
1 EL Olivenöl
2 Eier
Mehl für die Arbeitsfläche

FÜLLUNG UND DEKO

750 g grüner Spargel
3 EL Butter
1 kleine Bio-Zitrone
5 Rosmarinzweige
1 EL Semmelbrösel
200 g Doppelrahmfrischkäse
Meersalz
frisch gemahlener Pfeffer
1 Schalotte
350 g Schlagsahne
200 ml Gemüsefond
1 rote Chilischote
Rosmarin für die Deko

 Ohne Wartezeit fertig in
1 Stunde 50 Minuten

 Pro Portion
ca. 415 kcal, E 10 g,
F 30 g, KH 26 g

 Dazu Parmesan zum
Bestreuen

FÜR DEN NUDELTEIG

← Beide Mehlsorten, Salz, Öl, Eier und 5 EL kaltes Wasser zu einem glatten Teig verkneten. Zu einer Kugel formen und in Frischhaltefolie gewickelt etwa eine Stunde bei Zimmertemperatur ruhen lassen.

FÜR FÜLLUNG UND DEKO

← Spargel abspülen, das untere Drittel schälen und die holzigen Enden abschneiden. Schalen und Abschnitte aufheben. 500 g Spargelstangen fein würfeln. Spargelwürfel in 1 EL Butter andünsten (nächste Seite, Foto 1–2). Abkühlen lassen.

← Zitrone heiß abspülen, trocken tupfen, die Schale fein abreiben, die Zitrone auspressen. Rosmarin abspülen und, bis auf 3 Zweige, die Nadeln abstreifen und fein hacken. Spargel, Semmelbrösel, Zitronenschale, gehackten Rosmarin und Frischkäse verrühren. Mit Salz und Pfeffer abschmecken.

← Schalotte abziehen und fein hacken. In 1 EL Butter andünsten. Spargelschalen und -abschnitte, Sahne, Gemüsefond, abgespülte Chilischote und restlichen Rosmarin dazugeben und ohne Deckel etwa 15 Minuten kochen lassen. Durch ein feines Sieb gießen (Foto 3). Den Fond in einem Topf nochmals aufkochen und mit Salz, Pfeffer und Zitronensaft abschmecken. Die Sauce warm halten oder kurz vor dem Servieren nochmals aufkochen.

← Nudelteig vierteln. 2 Portionen mit der Nudelmaschine oder einem Nudelholz auf wenig Mehl etwa 5 mm dick zu einer etwa 15 cm breiten Teigbahn ausrollen (Foto 4). Wenn der Teig klebt, zusätzlich etwas Mehl unterkneten. Ist er bröckelig, etwas Wasser unterarbeiten. Damit der ausgerollte Teig nicht austrocknet, Frischhaltefolie darauflegen.

— Jeweils 1 TL Füllung im Abstand von etwa 5–6 cm auf eine Teigbahn geben (Foto 5). Nudelteig um die Füllung herum mit etwas Wasser bestreichen. Die zweite ausgerollte Teigbahn darauflegen und in den Räumen zwischen den Füllungen gut andrücken (Foto 6). Mit einem runden Ravioliausstecher oder einem Glas (Ø 5 cm) Ravioli ausstechen (Foto 7). Teigränder dabei gut zusammendrücken. Restliche Teigportionen und Teigreste ausrollen und wie beschrieben füllen und ausstechen.

— Restlichen Spargel in dünne Scheiben schneiden und in restlicher Butter andünsten. Salzen.

— In einem großen Topf reichlich Salzwasser aufkochen und die Ravioli darin bei kleiner Hitze etwa 3 Minuten gar kochen. Mit einer Schaumkelle herausheben, abtropfen lassen und in die heiße Sahnesauce geben (Foto 8–9). Auf Tellern anrichten, die gedünsteten Spargelscheiben darüberstreuen. Mit kleinen Rosmarinzweigen dekorieren.

Penne mit Austernpilzen

IN RAHMSAUCE MIT SPINAT

Die Austernpilze haben eine schön fleischige Konsistenz und stellen so auch Fleischliebhaber zufrieden

ZUTATEN

4 Portionen, vegetarisch

250 g Penne-Nudeln
Salz

RAHMSAUCE

400 g Austernpilze
200 g Blattspinat
4 Zwiebeln (klein)
4 Knoblauchzehen
4 EL Olivenöl
200 ml Weißwein (oder Brühe)
280 g Schlagsahne
frisch gemahlener Pfeffer
frisch geriebene Muskatnuss
8 EL Parmesan-Käse (frisch gerieben)

— Die Penne-Nudeln in reichlich Salzwasser nach Packungs-anweisung bissfest kochen.

FÜR DIE RAHMSAUCE

— Austernpilze putzen und je nach Größe eventuell halbieren. Den Spinat abspülen und die Blätter gut trocken schütteln. Zwiebeln und Knoblauch schälen und fein würfeln. Das Öl in einer Pfanne erhitzen und die Austernpilze darin von beiden Seiten goldbraun braten.

— Spinatblätter, Zwiebel- und Knoblauchwürfel dazugeben und mitdünsten. Den Weißwein und die Sahne dazugießen und alles etwa 3 Minuten bei kleiner Hitze kochen lassen. Mit Salz, Pfeffer, Muskat und 1 EL Parmesan würzen.

— Die Rahmsoße und die Nudeln mischen und mit dem restlichen Parmesan bestreuen.

Fertig in 25 Minuten

Pro Portion
670 kcal, F 42 g,
KH 45 g, E 19 g

Bandnudeln mit Spitzkohl

Zarter Spitzkohl und Tomaten in Sahnesauce. Mmh …! Aber der eigentliche
Kracher sind die Erdnüsse mit Meerrettichschärfe

ZUTATEN

2 Portionen, vegetarisch

150 g Bandnudeln
Salz
1 kleiner Spitzkohl (400 g)
100 g gelbe Kirschtomaten
2 TL Butter
75 g Schlagsahne
2 EL Wasabi-Peanuts oder
Rauchmandeln

— Die Bandnudeln in Salzwasser nach Packungsanweisung bissfest kochen. In ein Sieb gießen und abtropfen lassen.

— Inzwischen den Spitzkohl putzen, eventuell abspülen und in feine Streifen schneiden. Tomaten abspülen und halbieren.

— Die Butter in einer großen beschichteten Pfanne erhitzen. Den Spitzkohl kurz darin andünsten. Tomaten und Sahne dazugeben und kurz schmoren lassen.

— Die Bandnudeln untermischen und sofort auf 2 vorgewärmten Tellern anrichten.

— Die Wasabi-Peanuts grob hacken und darüberstreuen.

Fertig in 20 Minunten

Pro Portion
ca. 540 kcal, E 18 g,
F 24 g, KH 61 g

Spaghetti

MIT LINSENBOLOGNESE

Sie sind nicht nur superlecker, Linsen liefern ganz nebenbei auch noch hochwertiges Eiweiß. Wenn das keine Alternative ist …

ZUTATEN

4 Portionen, vegetarisch

175 g getrocknete Linsen
(schneller geht's mit 450 g Linsen
aus der Dose)
5 Tomaten
2 Möhren
2 Stangen Staudensellerie
100 g Porree
1 kleine Zwiebel
1 Knoblauchzehe
1 Chilischote
3 EL Olivenöl
200 ml Gemüsebrühe
2 EL Tomatenmark
400 g Spaghetti
Salz
3 Stiele Thymian
½ Zweig Rosmarin
2 EL Rotwein (evtl. weglassen)
frisch gemahlener Pfeffer
Cayennepfeffer

 Fertig in
1 Stunde 30 Minuten

 Pro Portion
ca. 620 kcal, E 26 g,
F 13 g, KH 98 g

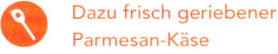 Dazu frisch geriebener
Parmesan-Käse

— Die Linsen je nach Packungsanweisung eventuell einweichen und in reichlich Wasser gar kochen oder Dosenlinsen abtropfen lassen.

— Die Tomaten kreuzweise einritzen, mit kochendem Wasser überbrühen, kalt abspülen und die Haut abziehen. Tomaten vierteln, entkernen und den Stielansatz herausschneiden. Das Fruchtfleisch in kleine Würfel schneiden.

— Möhren schälen, abspülen und in kleine Würfel schneiden. Sellerie putzen, abspülen und ebenfalls in kleine Würfel schneiden. Porree putzen, abspülen und längs in Streifen, dann in kleine Würfel schneiden. Zwiebel und Knoblauch abziehen und fein hacken. Chilischote abspülen, halbieren, entkernen und fein hacken (mit Küchenhandschuhen arbeiten).

— Das Öl in einem Topf erhitzen und das Gemüse darin kurz andünsten, etwas Brühe dazugießen. Tomatenmark unterrühren und die restliche Brühe dazugießen. Alles etwa 10–15 Minuten bei mittlerer Hitze kochen lassen. Gekochte Linsen oder Dosenlinsen in einem Sieb abtropfen lassen und dazugeben.

— Spaghetti in kochendem Salzwasser nach Packungsanweisung bissfest kochen.

— Thymian und Rosmarin abspülen und trocken tupfen. Die Blättchen und Nadeln von den Stielen zupfen, fein hacken und unter das Gemüse heben. Das Gemüse mit Rotwein, Salz, Pfeffer und Cayennepfeffer abschmecken. Spaghetti und die Linsen-Bolognese anrichten.

Tipp

Die Garzeit ist je nach Linsensorte unterschiedlich, 30 Minuten dauert es aber mindestens. Am schnellsten sind Pardina-Linsen gar. Wichtig: Die Linsen immer ohne Salz kochen, bis sie gar sind. Erst dann Salz hinzufügen.

Gemüsespaghetti

MIT KÜMMELTHYMIAN

Kohlrabi und Spinat sind ein tolles Paar, die cremige Thymiansahne bringt
den geschmacklichen Tiefgang in die Gemüseliaison

ZUTATEN

4 Portionen, vegetarisch

1 großer Kohlrabi (500 g)
Meersalz
500 g Blattspinat
2 Bund Kümmelthymian
250 g Schlagsahne
250 g Spaghetti
1 Knoblauchzehe
1 TL Butter
frisch gemahlener Pfeffer

► Kohlrabi schälen. Zuerst in Scheiben, dann in Streifen schneiden. In kochendem Salzwasser 3 Minuten kochen und dann abtropfen lassen.

► Den Blattspinat putzen und in reichlich kaltem stehendem Wasser abspülen.

► Kümmelthymian abspülen, 1 Bund davon zusammen mit der Sahne aufkochen und bei kleiner Hitze etwa 30 Minuten ziehen lassen.

► Spaghetti nach Packungsanweisung in Salzwasser bissfest kochen. Spaghetti abgießen.

► Knoblauch abziehen und hacken. Die Butter erhitzen und den Knoblauch darin andünsten. Den Spinat tropfnass dazugeben und ihn im geschlossenen Topf bei mittlerer Hitze zusammenfallen lassen. Mit Salz und Pfeffer würzen.

► Kümmelthymian aus der Sahne nehmen und die Sahne mit Salz und Pfeffer würzen.

► Spaghetti, Kohlrabi und Spinat in die heiße Thymiansahne geben und alles erwärmen. Zum Servieren mit frischen oder gebratenen Thymianblättchen bestreuen.

 Fertig in 1 Stunde

 Pro Portion
ca. 450 kcal, E 14 g,
F 22 g, KH 48 g

 Dazu geraffelter
Pecorino-Käse

Tipp

Statt Kümmelthymian schmeckt auch
Zitronenthymian köstlich.

Zitronen-Pasta

MIT SPINAT

Aromawunder: Heiße Nudeln einfach mit Tomate, Knoblauch, Peperoncino, Zitrone, Blattspinat und Ziegenkäse mischen und glücklich essen

ZUTATEN

4 Portionen, vegetarisch

2 Knoblauchzehen
1 Bio-Zitrone
200 g frischer Blattspinat
1 Tomate (150 g) oder 4–5 EL gehackte Tomaten aus dem Tetrapack
400 g Fusilli lunghi bucati
Meersalz
150 g Ziegenkäse-Rolle
1 getrocknete Peperoncino
4 EL Olivenöl

►— Die Knoblauchzehen abziehen und zuerst in Scheiben, dann in Stifte schneiden. Die Zitrone heiß abspülen und trocken reiben. Die Schale von einer halben Zitrone dünn abschälen und anschließend in feine Streifen schneiden.

►— Den Blattspinat verlesen, gründlich abspülen und abtropfen lassen. Die Tomate abspülen, den Stängelansatz herausschneiden und die ganze Tomate fein hacken.

►— Fusilli nach Packungsanweisung in reichlich Salzwasser kochen.

►— Inzwischen Ziegenkäse in Stücke schneiden. Knoblauch und zerkrümelte Peperoncino in Olivenöl bei mittlerer Hitze andünsten. Gehackte Tomate dazugeben und sofort mit den abgegossenen Nudeln, ½ Tasse Nudelwasser, Ziegenkäse, Zitronenstreifen und Blattspinat mischen. Pasta sofort servieren.

Fertig in 30 Minuten

Pro Portion
ca. 550 kcal, E 18 g,
F 20 g, KH 74 g

Tagliatelle und Erbsen

IN PETERSILIENPESTO

Grüne, leichte Frische durch selbst gemachtes Petersilien-Pesto – dazu knackige
Erbsen und Zitrone. Einfach genial

ZUTATEN

4 Portionen, vegetarisch

grobes Meersalz
400 g Tagliatelle (Bandnudeln)
200 g TK-Erbsen
½ Bio-Zitrone
frisch gehobelter Parmesan-Käse

PETERSILIENPESTO

2 Bund glatte Petersilie
1 Bund Basilikum
1 EL Pinienkerne
40 g frisch geriebener Parmesan-
Käse
100 ml gutes Olivenöl

→ In einem großen Topf reichlich Salzwasser für die Nudeln
und in einem kleineren Topf für die Erbsen aufsetzen.

FÜR DAS PETERSILIENPESTO

→ Die Kräuter abspülen, trocknen und grob hacken. Kräuter,
Pinienkerne, Parmesan und knapp ½ TL Salz in einen hohen
Mixbecher geben. Das Öl langsam dazugießen und mit dem
Stabmixer zu einem Pesto verarbeiten. Mit Salz abschmecken.

→ Die Tagliatelle nach Packungsanweisung bissfest kochen.
Erbsen gefroren in kochendes Salzwasser geben und einmal
aufkochen lassen.

→ Zitrone heiß abspülen, trocknen und die Schale mit einem
Zestenreißer in feinen Streifen abschälen.

→ Nudeln und Erbsen in einem Sieb abtropfen lassen. Nudeln,
Erbsen und Zitronenschale mischen und mit Pesto und Parmesan anrichten.

Fertig in 30 Minuten

Pro Portion
ca. 725 kcal, E 23 g,
F 36 g, 76 g KH

Penne mit Gemüsebolognese

UND POLENTA-KLÖSSCHEN

Wetten, dass unsere Bolognese aus Suppengrün, Tomaten, Knoblauch und Kräutern auch Fleischfans begeistert. On top gibt's außerdem noch ein paar Klößchen

ZUTATEN

4 Portionen, vegetarisch

GEMÜSE-BOLOGNESE

1 kleines Bund Suppengrün
2 Knoblauchzehen
2 EL Öl
1 große Dose geschälte Tomaten (800 g)
200 ml trockener Weißwein
1 kleiner Zweig Rosmarin
½ Bund Thymian
Salz
frisch gemahlener Pfeffer
1 gestrichener TL Zucker

POLENTA-KLÖSSCHEN

200 ml Milch
125 g Maisgrieß (Polenta)
½–1 Bund Basilikum
1 Eigelb
50 g fein geriebener Parmesan-Käse

FÜR DIE BOLOGNESE

⊢ Das Suppengrün putzen, abspülen und fein würfeln. Knoblauch abziehen und hacken. Öl in einem Topf erhitzen und Gemüse und Knoblauch darin anbraten. Tomaten in der Flüssigkeit etwas zerschneiden und mit dem Weißwein zum Gemüse geben.

⊢ Kräuter abspülen, abzupfen, hacken und zur Bolognese geben. Bei kleiner Hitze zugedeckt etwa 20 Minuten kochen lassen. Wenn die Sauce zu dick ist, etwas Wasser dazugießen. Bolognese mit Salz, Pfeffer und Zucker abschmecken.

FÜR DIE POLENTA-KLÖSSCHEN

⊢ Milch und 200 ml Wasser in einem kleinen Topf aufkochen. Maisgrieß unter Rühren einrieseln lassen und bei kleiner Hitze weiterrühren, bis sich die Polenta als Kloß vom Topfrand löst. In eine Schüssel umfüllen.

⊢ Basilikum abspülen, trocken schütteln und, bis auf ein paar Blättchen zum Bestreuen, fein hacken. Eigelb, Basilikum und Parmesan unter die Klößchenmasse rühren. Mit Salz und Pfeffer abschmecken.

⊢ Den Teig mit 2 angefeuchteten Teelöffeln zu Nocken formen oder mit den Händen zu Bällchen rollen. Salzwasser aufkochen und die Nocken darin etwa 4–5 Minuten bei kleiner Hitze gar ziehen lassen, nicht kochen. Die Klößchen mit einer Schaumkelle aus dem Wasser heben und abtropfen lassen.

⊢ Penne nach Packungsanweisung bissfest kochen und mit der Gemüse-Bolognese und den Polenta-Klößchen servieren.

Fertig in
1 Stunde 15 Minuten

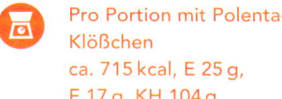
Pro Portion mit Polenta-Klößchen
ca. 715 kcal, E 25 g,
F 17 g, KH 104 g

Tipps

Schneller geht's, wenn statt der Polenta-Klößchen fester Doppelrahm-frischkäse mit einem Teelöffel zu Nocken geformt wird. Nocken ungekocht auf Bolognaese und Nudeln geben. Der Käse beginnt dann zu schmelzen und muss schnell serviert werden.

Nudeln mit Kartoffeln, Spinat und Fontina-Käse

Pizzoccheri, im Original mit Buchweizennudeln und Kohl serviert, sind auch in unserer Variante – mit Vollkornnudeln, Spinat und den typischen Kartoffelwürfeln – eine köstliche Entdeckung

ZUTATEN

2 Portionen, vegetarisch

400 g festkochende Kartoffeln
Salz
200 g Penne-Vollkornnudeln
500 g frischer Blattspinat
2 Schalotten
1 Knoblauchzehe
30 g Butter
70 g Fontina-Käse (ital. Rohmilch-käse)
grober, frisch gemahlener Pfeffer

— Die Kartoffeln gründlich abspülen und ungeschält in Salz-wasser etwa 20 Minuten kochen lassen. Nudeln nach Packungs-anweisung in sprudelndem Salzwasser bissfest kochen.

— Den Spinat putzen, verlesen und gründlich abspülen.

— Schalotten und Knoblauch abziehen, halbieren und fein wür-feln. In einer großen Pfanne die Butter erhitzen und Schalotten und Knoblauch darin glasig dünsten. Den Spinat tropfnass dazu-geben und in der geschlossenen Pfanne zusammenfallen lassen. Dann salzen.

— Die Kartoffeln abgießen, noch heiß pellen und grob würfeln.

— Den Käse in dünne Scheiben schneiden. Nudeln abgießen und mit den Kartoffelwürfeln locker unter den Spinat heben. Grob pfeffern, mit Käse belegen und in der geschlossenen Pfan-ne 2–3 Minuten den Käse zerlaufen lassen. Alles locker mischen, anrichten und mit grobem Pfeffer bestreuen. Sofort servieren.

 Fertig in 40 Minuten

 Pro Portion
ca. 755 kcal, E 18 g,
F 24 g, KH 113 g

Tipp

Wer nicht so gern Vollkornnudeln mag, kann auch normale Penne aus hellem Weizenmehl nehmen.

Makkaroni mit Süßkartoffeln und Mais

Nudeln für alle Fälle: Süßkartoffeln und Mais sorgen für herrliche Süße, alter Gouda ist ein würziger Kontrast

ZUTATEN

4 Portionen, vegetarisch

SAUCE

500 g Tomaten
2 Schalotten
1 Knoblauchzehe
2 EL Olivenöl
Meersalz
frisch gemahlener Pfeffer
250 g Gabelmakkaroni

GEMÜSE

250 g Süßkartoffeln
1 kleine Dose Maiskörner
(285 g Abtropfgewicht)
2 Lauchzwiebeln
2 EL Olivenöl
etwa 40 g alter Gouda-Käse

FÜR DIE SAUCE

— Die Tomaten abspülen, halbieren und den grünen Stielansatz herausschneiden. Tomaten grob würfeln. Schalotten abziehen und klein schneiden. Knoblauch abziehen und durch eine Knoblauchpresse drücken.

— Olivenöl in einem großen Topf erhitzen. Zuerst Schalotten und Knoblauch darin andünsten, dann die Tomaten dazugeben. Mit Salz und Pfeffer würzen und im geschlossenen Topf bei kleiner Hitze etwa 30 Minuten schmoren lassen. Die Tomatensauce durch ein Sieb streichen und eventuell mit etwas Salz abschmecken. Warm stellen.

— Inzwischen die Makkaroni nach Packungsanweisung in reichlich sprudelndem Salzwasser bissfest kochen, in ein Sieb gießen und gut abtropfen lassen.

FÜR DAS GEMÜSE

— Die Süßkartoffeln schälen, abspülen und in kleine Würfel schneiden. Die Maiskörner in ein Sieb geben, abspülen und gut abtropfen lassen. Die Lauchzwiebeln putzen, abspülen und schräg in dünne Ringe schneiden.

— Das Öl in einer großen Pfanne mit dickem Boden oder einer großen Wok-Pfanne erhitzen und zuerst die Süßkartoffelwürfel darin 6–8 Minuten unter Rühren kräftig anbraten. Maiskörner und Lauchzwiebelringe dazugeben und weitere 2 Minuten unter Rühren braten lassen.

— Die Makkaroni und das gebratene Gemüse mischen und eventuell noch einmal erwärmen, mit der Tomatensauce anrichten. Den frisch geriebenen Käse dazu servieren.

 Fertig in 1 Stunde

 Pro Portion
ca. 525 kcal, E 15 g,
F 18 g, KH 74 g

Bandnudeln mit Ziegenkäse und Pilzen

Für Glückspilze: Champignons werden mit Kardamom angebraten, das verleiht ihnen eine aromatische Schärfe und regt gleichzeitig den Stoffwechsel an

ZUTATEN

4 Portionen, vegetarisch

300 g Champignons
1 Porreestange (300 g)
1 großes Bund Basilikum
150 g griechischer Ziegenmilchkäse
½–1 TL schwarze Kardamom-
samen
2 EL Olivenöl
Salz
250 g Bandnudeln
300 g TK-Erbsen
ev. grober Pfeffer zum
Bestreuen

— Die Champignons putzen, eventuell halbieren. Porreestange putzen, längs halbieren und gründlich abspülen. Porree in etwa 8 cm lange Streifen schneiden. Basilikum abspülen, trocken schütteln und grob zerzupfen. Den griechischen Ziegenmilchkäse zerbröckeln.

— Pilze und schwarze Kardamomsamen in Olivenöl anbraten, mit Salz würzen und zur Seite stellen.

— Bandnudeln in Salzwasser nach Packungsanweisung kochen. Die letzten 2 Minuten TK-Erbsen und die Porreestreifen mitkochen lassen.

— Eine Tasse Nudelwasser abnehmen. Nudeln und Gemüse abgießen und sofort in einer großen vorgewärmten Schüssel mit Nudelwasser, Pilzen und Bratöl, Basilikum und Käse mischen und eventuell mit grobem Pfeffer bestreuen.

 Fertig in 30 Minuten

 Pro Portion
ca. 460 kcal, E 23 g,
F 15 g, KH 57 g

Tipp

*Für alle, die keinen Ziegenkäse mögen,
sind Schaf- oder Kuhmilchkäse
Alternativen.*

Fenchel-Sardinen-Spaghetti

Eine Spezialität aus Sizilien: Rosinen sorgen für leichte Süße im würzigen Sardellen-Knoblauch-Pinienkern-Mix

ZUTATEN

4 Portionen

500 g Fenchelknolle
1 EL Fenchelsaat
2 EL Olivenöl
feines Meersalz
3 gesalzene Sardellen
(aus dem Glas)
1 Bund krause Petersilie
1 Knoblauchzehe
2 EL Rosinen
50 g Pinienkerne
250–300 g Spaghetti
frisch gemahlener Pfeffer
1–2 EL Zitronensaft
1 Dose Sardinen in Öl (Fisch-
einwaage 87 g)

— Fenchel abspülen, halbieren und den Strunk herausschneiden. Fenchel in Streifen schneiden. Fenchelsaat in einem Mörser grob zerstoßen. 1 EL Öl in einer Pfanne erhitzen, Fenchelstreifen und -saat salzen und bei mittlerer Hitze in der geschlossenen Pfanne etwa 10 Minuten braten.

— Sardellen kurz abspülen und trocken tupfen. Petersilie abspülen, trocken schütteln und fein hacken. Knoblauch schälen und fein hacken. Sardellen, Petersilie, Knoblauch, Rosinen, Pinienkerne unter den Fenchel heben, kurz mitbraten.

— Spaghetti in reichlich kochendem Salzwasser nach Packungsanweisung bissfest kochen.

— Spaghetti abgießen und tropfnass in die Pfanne zum Fenchel geben. Gut mischen und mit Pfeffer würzen. Sardinen aus der Dose dazu servieren.

 Fertig in 25 Minuten

 Pro Portion
ca. 430 kcal, E 19 g,
F 16 g, KH 51 g

Nudelsalat

MIT ROTER BETE

Nicht wundern: Hier hat sich kein Reis verirrt, die Nudeln haben
sich nur verkleidet. Schnell gemacht und toll fürs Picknick

ZUTATEN

4 Portionen, vegetarisch

250 g Kritharaki-Nudeln (kleine
Nudeln in Reisform)
Salz
5 EL Olivenöl
je 1 EL Honig und Sherry-Essig
frisch gemahlener Pfeffer
200 g Rote Bete (vorgekocht
vakuumverpackt)
200 g Feta-Schafkäse
1 Bund Salbei
je 100 g Feldsalat und Rauke
1 Limette

→ Nudeln nach Packungsanweisung in Salzwasser kochen. In ein Sieb geben, kurz abspülen, etwas abtropfen lassen und mit 2 EL Olivenöl, 1 TL Honig und Essig verrühren. Mit Salz und Pfeffer würzen und beiseitestellen.

→ Rote Bete in Spalten schneiden. Schafkäse mit den Händen in kleinere Stücke zerbröseln.

→ Salbei abspülen, trocken schütteln und die Blätter abzupfen. Salbeiblätter in 1 EL Olivenöl in einer Pfanne braten. Herausnehmen und auf Küchenkrepp abtropfen lassen.

→ Feldsalat und Rauke putzen, abspülen und trocken schütteln. Salatblätter, Nudeln, Rote Bete, Schafkäse und Salbei auf einer Platte anrichten. Mit Pfeffer, restlichem Olivenöl und Honig würzen. Limette in dünne Spalten schneiden und dazu servieren.

 Fertig in 20 Minuten

 Pro Portion
ca. 535 kcal, E 17 g,
F 29 g, KH 52 g

 Dazu Baguette

Tortiglioni mit Brokkoli

IN LIMETTENSAUCE

Die neue Lieblingspasta für Kinder: Schuld daran sind die
goldbraunen Butterbrösel

ZUTATEN

2 Portionen, vegetarisch

2 EL Butter
2 EL Semmelbrösel
350 g Brokkoli
1 Knoblauchzehe
1 Limette
100 g Schlagsahne
100 g Doppelrahmfrischkäse
1 TL Ahornsirup
Salz
frisch gemahlener Pfeffer
200 g Tortiglioni-Nudeln

— Butter und Semmelbrösel in einer Pfanne goldbraun rösten.

— Brokkoli putzen, abspülen und in Röschen teilen. Knoblauch schälen und einmal kurz zerdrücken. Limette heiß abspülen, die Schale fein abreiben und den Saft auspressen.

— Sahne, Limettensaft und Knoblauch aufkochen. Frischkäse, Ahornsirup und Limettenschale mit einem Schneebesen unterrühren und nochmals kurz aufkochen lassen. Salzen und pfeffern. Knoblauch entfernen.

— Nudeln in reichlich Salzwasser nach Packungsanweisung kochen. Die Brokkoliröschen in den letzten 5 Minuten dazugeben und mitkochen lassen. Nudeln und Brokkoli in einem Sieb abtropfen lassen.

— Brokkoli-Nudeln und Limettensauce mischen und mit den Semmelbröseln bestreuen.

 Fertig in 45 Minuten

 Pro Portion
ca. 760 kcal, E 34 g,
F 43 g, KH 57 g

Nudelauflauf

MIT MANGOLD UND RICOTTA

Ihre Gäste werden staunen: Unter einer Auberginenhaube steckt eine Mischung
aus Nudeln, Ricotta, getrockneten Tomaten und Eiern

ZUTATEN

6 Portionen, vegetarisch

800 g Auberginen
Salz
2 EL Öl
500 g Mangold (oder Spinat)
50 g Pecorino-Käse (oder
Parmesan)
50 g getrocknete Tomaten
(ohne Öl)
3 Zweige Rosmarin
400 g Röhrennudeln
250 g Ricotta-Käse
100 ml Milch
3 Bio-Eier
frisch gemahlener Pfeffer
je 2 EL Butter und Polenta
für die Form
evtl. Rosmarin für die Deko

Ohne Wartezeit fertig in
1 Stunde 20 Minuten

Pro Portion
ca. 520 kcal, E 23 g,
F 22 g, KH 55

— Auberginen abspülen, putzen und längs in etwa 1 cm dicke
Scheiben schneiden. Ein Backblech mit wenig Salz bestreuen,
die Scheiben darauf ausbreiten und auch von oben salzen. Etwa
15 Minuten stehen lassen und dann mit Küchenkrepp trocken
tupfen. Das Öl in einer Grillpfanne sehr stark erhitzen und die
Auberginen darin portionsweise von beiden Seiten braten.

— Den Mangold putzen, abspülen, trocken tupfen und die Stiele
von den Blättern schneiden. Stiele in etwa 1 cm dicke Streifen
schneiden und in kochendem Salzwasser 2 Minuten vorkochen.
In einem Sieb abtropfen lassen. Mangoldblätter in feine Streifen
schneiden.

— Pecorino fein reiben. Tomaten fein würfeln. Rosmarin abspülen, trocken tupfen und die Nadeln fein hacken. Nudeln nach
Packungsanweisung in Salzwasser bissfest kochen, abgießen und
abtropfen lassen.

— Den Backofen auf 200 Grad, Umluft 180 Grad, Gas Stufe 4
vorheizen.

— Eine runde, hohe Auflaufform (etwa 3 l Inhalt) fetten und mit
Polenta ausstreuen. Die Form mit den Auberginenscheiben auslegen, ein paar Scheiben für den Deckel aufheben.

— Nudeln, Ricotta, Milch, Mangoldstiele und -blätter, Pecorino,
Tomatenwürfel und Rosmarin mischen und mit Salz und Pfeffer
würzig abschmecken. Die Eier verquirlen und unterheben.

— Die Nudelmischung in die vorbereitete Form füllen, gut andrücken und mit den restlichen Auberginenscheiben abdecken.
Im vorgeheizten Ofen 40–50 Minuten backen. Herausnehmen
und etwa 10 Minuten auf einem Gitter etwas abkühlen lassen.
Den Auflauf auf eine Platte stürzen und eventuell mit Rosmarin
dekorieren. Der Auflauf schmeckt warm oder kalt.

Ravioli con formaggio

Die cremig gefüllten Nudeltaschen werden in würziger Oliven-Rosmarin-Butter geschwenkt serviert. Köstlich!

ZUTATEN

etwa 30 Stück, vegetarisch

NUDELTEIG

200 g Mehl (Type 550)
60 g Weizengrieß
2 Eier
2 Eigelb
1 TL Salz
Mehl zum Bearbeiten

FÜLLUNG

2 Scheiben altbackenes
Ciabatta-Brot
1 TL Olivenöl
40 g Pinienkerne
1 Knoblauchzehe
100 g Parmesan-Käse
300 g Ziegenfrischkäse
(oder Ricotta)
1 Eigelb
frisch gemahlener Pfeffer
1 Eiweiß zum Bestreichen

OLIVEN-ROSMARIN-BUTTER

1 TL Öl für das Kochwasser
2 Knoblauchzehen
2 Rosmarinzweige
15 schwarze entsteinte Oliven
100 g Butter

Fertig in
1 Stunde 30 Minuten

Pro Portion
ca. 860 kcal, E 31 g,
F 57 g, KH 54 g

FÜR DEN NUDELTEIG

— Mehl, Grieß, Eier, Eigelbe und Salz zuerst mit den Knethaken des Handrührers oder in der Küchenmaschine, danach etwa 10 Minuten mit den Händen zu einem geschmeidigen Nudelteig verkneten. In Folie gewickelt bei Zimmertemperatur etwa 1 Stunde ruhen lassen.

FÜR DIE FÜLLUNG

— Brot fein würfeln. Olivenöl in einer Pfanne erhitzen, Brot und Pinienkerne darin anrösten. Knoblauch abziehen, hacken, unter die Brotwürfel rühren und abkühlen lassen.

— Den Parmesan-Käse grob raffeln und mit dem Ziegenfrisch-käse verrühren. Kalte Brotmischung und Eigelb unter die Käse-creme rühren und mit Salz und Pfeffer abschmecken.

— Den Nudelteig nochmals mit den Händen durchkneten und am besten mit einer Nudelmaschine (Einstellung 5) dünn aus-rollen. Auf einer leicht bemehlten Arbeitsfläche mit einem run-den Ausstecher mit gewelltem Rand Plätzchen (Ø 5 cm) daraus ausstechen.

— Auf jedes Plätzchen 1 EL von der Käsefüllung geben. Teig-ränder mit Eiweiß bestreichen und die Plätzchen zu Halbmonden zusammenklappen. Ravioli in siedendem Salzwasser mit etwas Öl etwa 8 Minuten gar ziehen lassen.

FÜR DIE OLIVEN-ROSMARIN-BUTTER

— Knoblauch schälen und in Scheiben schneiden. Rosmarin abspülen, trocken schütteln und Nadeln von den Zweigen strei-fen. Oliven vierteln. Butter in einer großen Pfanne schmelzen. Knoblauch, Rosmarin und Oliven dazugeben und kurz andüns-ten. Die Ravioli mit in die Pfanne geben, darin schwenken und sofort servieren.

Gemüselasagne

MIT BÜFFEL-MOZZARELLA

Statt Hack werden Aubergine, Zucchini und Tomatensauce
eingeschichtet und gebacken

ZUTATEN

4 Portionen, vegetarisch

SAUCE

3 Zwiebeln
1 Knoblauchzehe
2 EL Olivenöl
400 g eingelegte Paprikaschoten
(aus dem Glas)
5 Zweige Rosmarin
400 g Pizzatomaten (aus der
Dose)
1 Lorbeerblatt
Salz
frisch gemahlener Pfeffer

GEMÜSE

1 Zucchini (200 g)
1 Tomate
1 kleine Aubergine (200 g)
1 EL Mehl
1 Ei
4–5 EL Semmelbrösel
1–2 EL Butterschmalz

3 Packungen Büffel-Mozzarella
(à 125 g)
6 Lasagne-Blätter (etwa 110 g)

Fertig in
1 Stunde 40 Minuten

Pro Portion
ca. 590 kcal, E 29 g,
F 34 g, KH 41 g

FÜR DIE SAUCE

— Zwiebeln und Knoblauch schälen und fein hacken. Öl in einem Topf erhitzen und Zwiebeln und Knoblauch darin bei mittlerer Hitze etwa 8 Minuten dünsten. Paprikaschoten abtropfen lassen und fein würfeln.

— Rosmarin abspülen, trocken tupfen, die Nadeln abstreifen und fein hacken. Rosmarin, Pizzatomaten und Lorbeer zu den Zwiebeln geben. Alles etwa 10 Minuten ohne Deckel schmoren lassen, bis die Flüssigkeit verkocht ist. Paprikawürfel zufügen und die Sauce mit Salz und Pfeffer abschmecken.

— Den Backofen auf 180 Grad, Umluft 160 Grad, Gas Stufe 3 vorheizen.

FÜR DAS GEMÜSE

— Zucchini und Tomate abspülen und in dünne Scheiben schneiden. Aubergine abspülen und in etwa 1 cm dicke Scheiben schneiden. Auberginenscheiben erst in Mehl, dann in verquirltem Ei und zum Schluss in den Semmelbröseln wenden. Butterschmalz in einer Pfanne erhitzen und die Scheiben darin von beiden Seiten goldbraun braten. Auf Küchenkrepp eventuell kurz abtropfen lassen und mit Salz und Pfeffer würzen.

— Mozzarella abtropfen lassen und in Scheiben schneiden. Zucchini, Aubergine, Sauce, die Hälfte der Mozzarellascheiben und die rohen Lasagneblätter im Wechsel in eine eckige Auflaufform schichten. Zum Schluss mit den Tomaten- und den restlichen Mozzarellascheiben belegen. Im Ofen etwa 1 Stunde goldbraun backen.

Tipp

Wer's doch lieber deftig mag und
Speck liebt, legt in den letzten
15–20 Minuten Pancetta- oder Bacon-
Scheiben auf die Lasagne und lässt
sie knusprig backen.

Kreativ raffiniert

Die große Vielfalt: Nudeln, Sie werden sehen,
sind ganz schön experimentierfreudig. Wenn Sie
gern etwas Neues probieren und Ihre Gäste
überraschen möchten, sind Sie hier richtig: Raffiniert
kombiniert (mit Himbeeren …!), ungewöhnlich
inszeniert (als Muffins …!), mit ungewöhnlichen
Begleitern wie Feigen oder Rosinen, mit gebratenem
Fisch oder zu kräftiger Wild-Bolognese –
Pasta macht alles mit!

Pfifferlings-Pappardelle

In der heißen Pfanne geben die Pilze einen leichten Pfeifton von sich.
Werden sie mit Kopfsalatsauce serviert, pfeifen Ihre
Gäste vor Freude

ZUTATEN

4 Portionen

75 g Bacon in dünnen Scheiben
150 g frische Pfifferlinge
400 g Pappardelle-Nudeln
Salz
1 kleiner Kopfsalat (200 g)
½ Bund glatte Petersilie
1 Knoblauchzehe
1 TL Butter
150 g Schlagsahne
150 ml Milch oder Gemüsebrühe
50 g frisch geriebener ital. Hartkäse (Grana Padano)
frisch gemahlener Pfeffer
frisch geriebene Muskatnuss

— Den Bacon in knapp 1 cm breite Streifen schneiden. Pfiffer-linge mit einem Pinsel oder Küchenkrepp säubern, Stielansätze abschneiden.

— Pappardelle in reichlich Salzwasser nach Packungsanweisung bissfest kochen. In einem Sieb kurz abtropfen lassen.

— Inzwischen den Kopfsalat putzen, abspülen, trocken schleu-dern und einige kleine Blättchen beiseitelegen. Restliche Blätter grob hacken. Petersilie abspülen, trocken schütteln und hacken.

— Knoblauch schälen und hacken. Butter in einem Topf erhitzen und den Knoblauch darin goldbraun anbraten. Die Hälfte vom gehackten Kopfsalat dazugeben und kurz andünsten, bis die Blätter zusammengefallen sind. Sahne und Milch zum Salat gie-ßen und aufkochen. Restlichen gehackten Salat und die Hälfte der Petersilie zugeben. Alles mit dem Stabmixer pürieren. Käse in der Sauce schmelzen lassen. Mit Salz, Pfeffer und Muskat würzen.

— Bacon in einer Pfanne bei mittlerer Hitze knusprig ausbraten. Aus der Pfanne nehmen und die Pfifferlinge im Speckfett in der Pfanne kräftig braten. Mit Salz und Pfeffer würzen.

— Pappardelle und Kopfsalatsauce anrichten. Speckstücke, Pfifferlinge, restliche Salatblätter und Petersilie darüberstreuen. Sofort servieren.

 Fertig in 25 Minuten

 Pro Portion
ca. 635 kcal, E 23 g,
F 28 g, KH 72 g

Orecchiette

MIT SÜSSKARTOFFELN UND SALBEI

Gebratene Salbeiblätter sorgen für tollen Geschmack, Petersilien-Crôutons
für Biss, die Süßkartoffeln für Substanz und Farbe

ZUTATEN

4 Portionen

600 g Süßkartoffeln (Bataten)
2 Knoblauchzehen
15 Salbeiblätter
2 EL Olivenöl
800–1000 ml Rinderfond (Glas)
Salz
frisch gemahlener Pfeffer
1 kleines Bund glatte Petersilie
2 Scheiben Toastbrot
1 EL Butter
350 g Orecchiette-Nudeln

► Süßkartoffeln schälen, abspülen und in etwa 1–2 cm große Würfel schneiden. Knoblauch schälen und hacken. Salbei abspülen und 5 Blätter fein hacken.

► 1 EL Öl in einer Pfanne erhitzen und die restlichen ganzen Salbeiblätter darin knusprig braten. Herausnehmen und auf Küchenkrepp abtropfen lassen.

► Restliches Öl in die heiße Pfanne geben. Süßkartoffeln, Knoblauch und gehackten Salbei darin unter Rühren etwa 5 Minuten braten. Fond dazugießen und zugedeckt weitere 10–15 Minuten kochen. Mit Salz und Pfeffer würzen.

► Petersilie abspülen, trocknen und fein hacken. Toast in Stücke zupfen. Butter in einer Pfanne zerlassen, Toast-Stücke darin goldbraun braten. Herausnehmen und die Petersilie unterrühren.

► Nudeln in reichlich Salzwasser nach Packungsanweisung bissfest kochen. Abtropfen lassen und unter die Süßkartoffeln mischen. Mit Kräuterbröseln und gebratenem Salbei bestreut servieren.

Fertig in 40 Minuten

Pro Portion
ca. 610 kcal, E 18 g,
F 13 g, KH 104 g

Dazu Ziegenfrischkäse

Tipp

Wer es lieber vegetarisch mag, ersetzt
den Rinderfond durch Gemüsefond
oder -brühe.

Spaghetti in Pistazienpesto

MIT DICKEN BOHNEN

*Das frische Pesto mit Minze und Petersilie ist ein toller Kontrast
zu Bohnen und Sellerie*

ZUTATEN

4 Portionen, vegetarisch

PESTO

100 g Pistazien mit Schale
(ungesalzen)
1 Knoblauchzehe
7 EL gutes Olivenöl
30 g glatte Petersilie
1 kleines Bund Minze
Salz
frisch gemahlener Pfeffer

BOHNEN

200 g TK-dicke-Bohnen
200 g Knollensellerie
1–2 EL Olivenöl

400 g Spaghetti
2–3 EL Zitronensaft
35 g Sbrinz-Käse (Hartkäse)

FÜR DAS PESTO

— Pistazien aus den Schalen lösen. Knoblauch abziehen und
in 2 EL Olivenöl 10 Minuten braten. Kräuter abspülen, trocknen
und die Blätter abzupfen. Kräuter, Pistazien, Knoblauch, restliches Öl und 5 EL Wasser im Blitzhacker kurz pürieren. Mit
Salz und Pfeffer abschmecken.

FÜR DIE BOHNEN

— Dicke Bohnen in kochendem Salzwasser 10 Minuten kochen.
Kalt abspülen und aus den Schalen drücken.

— Sellerie schälen, abspülen und klein würfeln. Selleriewürfel
in einer Pfanne in heißem Öl etwa 10 Minuten goldbraun braten.
Bohnenkerne mit in die Pfanne geben und kurz erhitzen.

— Die Spaghetti nach Packungsanweisung bissfest kochen. In
ein Sieb gießen und kurz abtropfen lassen. Spaghetti, Pesto,
Bohnenkerne und Selleriewürfel mischen. Mit Salz, Pfeffer und
Zitronensaft würzen. Den Käse zum Schluss darüberhobeln.
Sofort servieren.

 Fertig in 50 Minuten

 Pro Portion
ca. 765 kcal, E 22 g,
F 40 g, KH 79 g

Buchweizennudeln
MIT GRÜNKOHL-SAHNE-SOSSE

Buchweizen und Grünkohl gelten als sehr gesund. Als Pastagericht sind die beiden
Powerzutaten außerdem einfach köstlich

ZUTATEN
4 Portionen

NUDELTEIG
150 g Buchweizenmehl
150 g Weizenmehl (Type 550)
3 Eier
1 TL Olivenöl
Salz
Mehl zum Bearbeiten

GRÜNKOHL-SAUCE
200 g frischer Grünkohl (oder TK)
100 g Lardo (ital. weißer Kräuter-
speck)
oder grüner Speck in dünnen
Scheiben
250 g Schlagsahne
100 ml Milch
2 Knoblauchzehen
5 Pimentkörner
1 Lorbeerblatt
grober, frisch gemahlener Pfeffer

Ohne Wartezeit fertig in
1 Stunde

Pro Portion
ca. 725 kcal, E 19 g,
F 47 g, KH 56 g

FÜR DEN NUDELTEIG

— Beide Mehlsorten, Eier, Öl, ½ TL Salz und 2–3 EL kaltes
Wasser zu einem geschmeidigen Teig verkneten, bis er durch und
durch glatt ist und nicht mehr an den Händen klebt.

— Eine Schüssel mit heißem Wasser ausspülen und den Teigkloß
darunter etwa 30 Minuten ruhen und das Mehl quellen lassen.
Nudelteig nochmals kräftig mit den Händen kneten. In Portionen
durch eine Nudelmaschine drehen. Dabei den Walzenabstand
immer enger stellen, bis die richtige Nudelstärke erreicht ist. Den
Teig mit einem feuchten Geschirrtuch abdecken, damit er nicht
austrocknet.

— Teigbahnen gut mit Mehl bestäuben und ganz locker aufrollen.
Die Rollen sofort mit einem scharfen Messer in 5 mm breite
Stücke schneiden. Nudeln mit bemehlten Händen vorsichtig ent-
rollen und auf ein leicht bemehltes Geschirrtuch legen. Falls die
Nudeln zu klebrig sind, noch einmal mit etwas Mehl bestäuben.

FÜR DIE GRÜNKOHL-SAUCE

— Den Grünkohl putzen, abspülen und kleiner schneiden. Lardo
in einer heißen Pfanne kross ausbraten und herausnehmen.
Grünkohl im Bratfett braten.

— Sahne, Milch, zerdrückte Knoblauchzehen, Piment und Lorbeer in einem Topf aufkochen und bei starker Hitze etwa 4 Minuten einkochen lassen. Vom Herd nehmen und durch ein Sieb
gießen. Mit Salz und Pfeffer würzen.

— Nudeln in reichlich Salzwasser etwa 3 Minuten bissfest
kochen. In einem Sieb kurz abtropfen lassen und mit der heißen
Sahne und dem Grünkohl mischen. Den Lardo und groben
Pfeffer zum Schluss darüber streuen.

Pasta-Muffins

Sehen nicht nur toll aus: Die feinen Kleinen mit Gemüse und Flusskrebsfleisch, in Ei-Schmand gebacken, schmecken umwerfend

ZUTATEN

12 Stück

Salz
6 Blätter Lasagne
Fett für die Förmchen

FÜLLUNG

1 kleine Stange Porree
1 Fenchelknolle
1 kleine Knoblauchzehe
1 EL Olivenöl
frisch gemahlener Pfeffer
evtl. 1–2 EL Pernod (Anisschnaps)
250 g Flusskrebsfleisch (Kühlregal)

GUSS

3 Eier
300 g Schmand
1 Bund Kerbel

← Reichlich Salzwasser in einem Topf aufkochen und die Lasagneblätter nach Packungsanweisung darin vorkochen. Mit einer Schaumkelle herausheben, abtropfen lassen und halbieren.

← Den Backofen auf 180 Grad, Umluft 160 Grad, Gas Stufe 3 vorheizen.

FÜR DIE FÜLLUNG

← Den Porree putzen, abspülen und in feine Ringe schneiden. Den Fenchel putzen und das Grün beiseitelegen. Fenchel abspülen und in feine Stücke schneiden. Die Knoblauchzehe abziehen. Olivenöl in einer großen Pfanne erhitzen und Porree, Fenchel und durchgepressten Knoblauch darin knapp gar dünsten. Mit Salz, Pfeffer und eventuell Pernod würzen und abkühlen lassen. Krebsfleisch abspülen und abtropfen lassen.

FÜR DEN GUSS

← Eier und Schmand verrühren und mit Salz und Pfeffer würzen. Den Kerbel abspülen, gut trocken schütteln und fein hacken. Fenchelgrün ebenfalls hacken. Kerbel und Fenchelgrün in den Guss rühren.

← Die Mulden eines Muffin-Blechs gut fetten und jeweils ein halbes Lasagne-Blatt hineinlegen, sodass die Ecken oben etwas überstehen. Gemüse und Krebsfleisch mischen und in die Mulden geben. Den Guss darübergeben und alles im vorgeheizten Ofen 15–20 Minuten backen, bis der Guss fest geworden ist.

← Die Form aus dem Ofen nehmen und die Pasta-Muffins vorsichtig herauslösen. Eventuell mit etwas Blattsalat auf einem Teller anrichten und als Vorspeise servieren.

 Fertig in 1 Stunde

 Pro Stück
ca. 180 kcal, E 9 g,
F 9 g, KH 15 g

Bandnudeln in Olivensauce

MIT BACON ODER KÄSE-NUSS-MISCHUNG

Pasta, die alle satt und zufrieden macht: Es gibt würziges Topping für Veggies,
die Fleischfraktion bekommt kross gebratenen Speck

ZUTATEN

4 Portionen

OLIVENSAUCE

je 75 g grüne und schwarze
Oliven ohne Stein
50 g getrocknete Tomaten in Öl
6 Stiele Thymian
1 Bund glatte Petersilie
2 EL Tomatenöl (von den eingelegten Tomaten)
Salz
frisch gemahlener Pfeffer

MIT BACON

120 g Bacon (Frühstücksspeck;
am besten Bio)
80 g Kapernäpfel (aus dem Glas)

MIT KÄSE-NUSS-MISCHUNG

200 g Schafkäse (Feta)
50 g Walnusskerne
1–2 EL abgetropfte Kapern

400 g Bandnudeln (Tagliatelle)

FÜR DIE OLIVENSAUCE

— Die Oliven grob hacken. Die Tomaten würfeln, die Kräuter
abspülen, trocken schütteln und grob hacken. Das Tomatenöl in
einer Pfanne erhitzen und Oliven und Tomaten darin anbraten.
Die Kräuter, bis auf 2 EL Petersilie, untermischen.

FÜR DEN BACON

— Die Speckscheiben kleiner schneiden und in einer Pfanne
ohne Fett knusprig ausbraten. Kapernäpfel abtropfen lassen.

FÜR DIE KÄSE-NUSS-MISCHUNG

— Den Schafkäse abtropfen lassen und grob würfeln. Walnüsse
eventuell grob hacken und in einer Pfanne ohne Fett kurz anrösten. Käse, Walnüsse und Kapern mischen.

— Inzwischen die Bandnudeln nach Packungsanweisung bissfest
kochen, abgießen (etwa 200 ml Nudelwasser für die Sauce aufheben). Olivenmischung und das Nudelwasser unter die Nudeln
heben.

— Bandnudeln mit dem gebratenen Speck oder der Käse-Nuss-
Mischung servieren. Die restliche gehackte Petersilie darüberstreuen.

 Fertig in 20 Minuten

 Pro Portion mit Bacon:
ca. 620 kcal, E 20 g,
F 26 g, KH 74 g
mit Käse-Nuss-Mischung:
ca. 700 kcal, E 24 g,
F 33 g, KH 75 g

Spaghettini in Ei-Sahne-Sauce

MIT ROSMARIN-PILZEN

Den Klassiker Spaghetti Carbonara gibt's heute in der vegetarischen Variante und mit den feinen Rosmarin-Pilzen on top wird niemand den Speck vermissen

ZUTATEN

4 Portionen, vegetarisch

60 g Baguette-Brot (am besten vom Vortag)
1 EL Butter

ROSMARIN-PILZE

400 g gemischte Pilze (Austern-pilze, Shiitake, Champignons)
1 Knoblauchzehe
3 Zweige Rosmarin
2 EL Balsamessig
2 EL Olivenöl

EI-SAHNE-SAUCE

4 ganz frische Eier
150 g Schlagsahne
5 EL frisch geriebener Parmesan-Käse
frisch geriebene Muskatnuss
Salz
frisch gemahlener Pfeffer

400 g Spaghettini

— Das Brot fein zerbröseln. Butter in einer Pfanne erhitzen und die Brotbrösel darin goldbraun braten.

FÜR DIE ROSMARIN-PILZE

— Die Pilze putzen und eventuell kleiner schneiden. Knoblauch-zehe auf der Arbeitsfläche grob zerdrücken.

— Rosmarin abspülen, trocken tupfen und die Nadeln, bis auf ein paar zum Bestreuen, fein hacken. Pilze, Knoblauch, Rosma-rin, Essig, Salz und Pfeffer mischen.

— Das Öl in einer beschichteten Pfanne erhitzen und die Pilze bei starker Hitze etwa 10 Minuten darin braten. Herausnehmen und im Backofen warm halten.

FÜR DIE EI-SAHNE-SAUCE

— Eier, Sahne, Parmesan-Käse, etwas Salz, Muskat und Pfeffer verrühren.

— Die Spaghettini in Salzwasser nach Packungsanweisung biss-fest kochen. Abgießen, dabei eine Kelle Nudelwasser (etwa 150 ml) auffangen und mit den Spaghettini zurück in den heißen Topf geben.

— Die Ei-Sahne-Sauce über die heißen Spaghettini gießen und verrühren, sodass die Eier durch die Hitze der Nudeln etwas stocken und die Sauce schön cremig wird. Geröstete Brotbrösel, etwas Pfeffer und Rosmarin darüberstreuen.

— Spaghettini mit den Rosmarin-Pilzen garnieren und servieren.

 Fertig in 1 Stunde

 Pro Portion
ca. 720 kcal, E 27 g,
F 33 g, KH 79 g

Pasta in Mandel-Zitronensauce

Mandelmilch und Mandelmus ergeben eine herrlich cremige Sauce.
Die Rauchmandeln sorgen für würzigen Biss

ZUTATEN

2 Portionen, vegetarisch

200 g Lumaconi-Nudeln
Salz
½ Zitrone
200 g Mandelmilch
1 EL Mandelmus (Reformhaus)
2 Eigelb
1 TL Instant Gemüsebrühe
2–3 Zweige frischer Salbei
2 EL Olivenöl
30–40 g gesalzene Rauchmandeln
etwa 25 g ital. Hartkäse (Grana
Padano)
frisch gemahlener Pfeffer

— Die muschelförmigen Lumaconi-Nudeln nach Packungs-anweisung in reichlich Salzwasser bissfest kochen. In ein Sieb geben, vorsichtig schütteln und kurz abtropfen lassen.

— Zitronensaft auspressen. Mandelmilch und Mandelmus ver-rühren, langsam aufkochen und nach und nach Zitronensaft unterrühren.

— Eigelbe und etwas heiße Mandelmilch verrühren und diese Mischung in die restliche Mandelmilch rühren. Nicht mehr kochen lassen, sonst gerinnt das Eigelb. Brühe unterrühren und die Sauce eventuell mit Zitronensaft abschmecken.

— Den Salbei abspülen und trocken schütteln. Das Öl in einer Pfanne erhitzen und die Blätter darin kross anbraten. Auf Küchenkrepp abtropfen lassen. Rauchmandeln grob hacken.

— Heiße Nudeln sofort mit Mandelsauce, gebratenem Salbei und gehackten Mandeln mischen und anrichten. Käse hauch-dünn darüberhobeln. Mit Pfeffer würzen und sofort servieren.

Fertig in 20 Minuten

Pro Portion
ca. 780 kcal, E 25 g,
F 41 g, KH 76 g

Pasta mit Feigen

UND LUFTGETROCKNETEM SCHINKEN

Der Mix macht's: Rosmarin, Schinken und Rauke sind schon perfekt.
Die fruchtige Feigennote ist das i-Tüpfelchen

ZUTATEN

4 Portionen

Salz
400 g Linguini-Nudeln
6 frische Feigen
1 Bund Rauke
1 Knoblauchzehe
75–100 g luftgetrockneter
Schinken (z. B. Parma-Schinken)
1 Zweig Rosmarin
2–3 EL Olivenöl
150 ml trockener Weißwein
200 ml Gemüsebrühe
2–3 EL Feigensenf
frisch gemahlener Pfeffer

← Reichlich Salzwasser in einem großen Topf aufkochen und die Linguini nach Packungsanweisung darin bissfest kochen. In einem Sieb kurz abtropfen lassen.

← Inzwischen Feigen mit einem Tuch abreiben oder abspülen und gut trocken tupfen. Feigen in Spalten schneiden. Rauke verlesen, abspülen, trocken schleudern und in kleinere Stücke zupfen. Knoblauch abziehen und hacken. Den Schinken in grobe Stücke zupfen. Rosmarin abspülen und in kleine Ästchen zupfen.

← Das Olivenöl in einer großen Pfanne erhitzen. Gehackten Knoblauch darin goldbraun braten. Dann die Feigen kurz in der Pfanne braten und herausnehmen. Schinken und Rosmarin ebenfalls kurz in der Pfanne erhitzen. Den Schinken herausnehmen. Wein, Gemüsebrühe und Feigensenf gut mischen, in die Pfanne gießen und unter Rühren auf die Hälfte einkochen lassen.

← Die Linguini unterrühren und mit Salz und Pfeffer würzen. Rauke, Schinken und Feigen vorsichtig untermischen, nochmals abschmecken und sofort servieren.

Fertig in 25 Minuten

Pro Portion
ca. 545 kcal, E 20 g,
F 10 g, KH 85 g

Makkaroni-Frittata

Der Hit aus der Pfanne: So machen Nudeln mit Eiersahne plus Lachs
nämlich Stück für Stück glücklich

ZUTATEN

2 Portionen

120 g Lachsfilet
½ TL rosa Pfefferbeeren
1 EL Pernod (Anisschnaps)
Salz
150 g Makkaroni-Nudeln
2 Lauchzwiebeln
20 g Butter
125 g Schlagsahne
3 Eier
½ Bio-Zitrone
1–2 Stängel Dill
Fett für die Form

← Das Lachsfilet abspülen, trocken tupfen und in Streifen oder Scheiben schneiden. Pfefferbeeren in einem Mörser grob zerstoßen. Lachs, Pernod und Pfefferbeeren vorsichtig mischen und etwa 15 Minuten marinieren lassen.

← Reichlich Salzwasser in einem großen Topf aufkochen und die Nudeln darin nach Packungsanweisung bissfest kochen. In einem Sieb kurz abtropfen lassen. Makkaroni in eine ofenfeste gefettete Form oder Pfanne (Ø 24 cm) geben, eventuell mit der Rundung legen.

← Den Backofen auf 180 Grad, Umluft 160 Grad, Gas Stufe 3 vorheizen.

← Die Lauchzwiebeln putzen, abspülen und schräg in feine Ringe schneiden. Die Butter in einem Topf erhitzen und die Lauchzwiebelringe kurz darin andünsten, abkühlen lassen. Sahne und Eier verquirlen und die Lauchzwiebeln unterrühren. Mit Salz und Pfeffer würzig abschmecken und über die Makkaroni gießen.

← Im Ofen 18–20 Minuten stocken lassen. Die Zitrone heiß abspülen und die Schale mit einem Zestenreißer abziehen oder die Zitrone dünn mit einem Sparschäler schälen und die Schale in feine Streifen schneiden.

← Die Frittata aus dem Ofen nehmen, mit den Lachsstreifen und der Zitronenschale belegen und weitere 3 Minuten im Ofen backen.

← Dill abspülen, trocken schütteln und die Ästchen von den Stielen zupfen. Die Frittata mit Dill bestreuen und servieren.

 Fertig in 45 Minuten

 Pro Portion
ca. 760 kcal, E 34 g,
F 43 g, KH 57 g

Pikante Orecchiette

MIT PAPRIKA UND MERGUEZ

Für scharfe Würze sorgen kleine Merguez-Bratwurstbällchen, eine marokkanische Spezialität. Schön frisch wird's mit Petersilie und Zitrone

ZUTATEN

4 Portionen

2–3 rote Paprikaschoten
1 Bund glatte Petersilie
1 Bio-Zitrone
1 frische Knoblauchzehe
400 g Orecchiette-Nudeln
Salz
1 EL Olivenöl
4 Merguez-Bratwürste à 150 g

← Den Grill des Backofens vorheizen.

← Paprikaschoten halbieren, abspülen und mit der Hautseite nach oben auf ein Backblech legen. Im Ofen so lange grillen, bis die Paprikahaut große Blasen wirft und sich dunkel färbt. Paprikahälften in einen Gefrierbeutel geben, Beutel fest verschließen und abkühlen lassen. Von den Paprikaschoten die Haut abziehen, weiße Kerne und Trennwände entfernen. Die Paprika in Stücke schneiden.

← Die Petersilie abspülen, trocken schütteln und die Blätter von den Stielen zupfen. Petersilienblätter grob hacken. Zitrone heiß abspülen, trocken tupfen und etwa die Hälfte der Schale dünn abreiben. Knoblauchzehe abziehen, fein hacken und mit der gehackten Petersilie und der Zitronenschale mischen.

← Die Orecchiette nach Packungsanweisung in reichlich Salzwasser bissfest kochen.

← Das Öl in einer großen Pfanne erhitzen. Das Wurstbrät mit dem Daumen in kleinen Stückchen aus der Pelle drücken und in die Pfanne geben. Die Wurstbällchen unter Wenden bei mittlerer Hitze rundherum knusprig anbraten.

← Nudeln in ein Sieb gießen und kurz abtropfen lassen. Nudeln und Paprika zu der Wurst in die Pfanne geben. Alles gut schwenken und in einer großen vorgewärmten Schüssel anrichten. Die Petersilienmischung locker unterheben und die Orecchiette sofort servieren.

Ohne Wartezeit fertig in 30 Minuten

Pro Portion
ca. 880 kcal, E 38 g,
F 48 g, KH 73 g

Linguine mit Brunnenkresse-Pesto

Brunnenkresse ist herb-pikant und verleiht der Linguine ein leicht rettich- bis senfartiges Aroma

ZUTATEN

4 Portionen, vegetarisch

PESTO

1 Knoblauchzehe
40 g junger Pecorino-Käse
250 g Brunnenkresse (etwa 1 Bund)
4 EL gehackte Haselnusskerne
50 ml Rapsöl
40 ml Olivenöl
Salz
frisch gemahlener Pfeffer

350 g Linguine (ersatzweise Spaghetti)
2 EL Zitronensaft

FÜR DAS PESTO

•— Den Knoblauch schälen und grob hacken. Pecorino fein reiben. Brunnenkresseblätter von den Stielen zupfen, abspülen und ¾ der Blätter grob schneiden. Haselnüsse, Knoblauch, Pecorino, geschnittene Brunnenkresse, Rapsöl und Olivenöl im Blitzhacker fein mixen. Mit Salz und Pfeffer abschmecken.

•— Die Nudeln nach Packungsanweisung in reichlich kochendem Salzwasser bissfest kochen. Die Linguine in ein Sieb gießen, abtropfen lassen und dabei 100 ml Kochwasser auffangen.

•— Nudeln in einer vorgewärmten Schüssel mit Pesto, Zitronensaft und Pfeffer mischen und abschmecken. Restliche Brunnenkresse unterheben. Wenn die Nudeln sehr trocken sind, eventuell noch etwas von dem aufgefangenen Nudelwasser untermischen.

 Fertig in 25 Minuten

 Pro Portion
ca. 640 kcal, E 16 g, F 36 g, KH 63

Penne mit Wildbolognese

Manchmal muss es eben etwas ganz Besonderes sein. Dann ist klassische Bolognese mit kräftigem Wildgeschmack genau das Richtige

ZUTATEN

4 Portionen

1 kleine Gemüsezwiebel
1 Knoblauchzehe
1 Bund Suppengrün
2 EL Butterschmalz
500 g Hirschfleisch
(z. B. TK-Hirschgulasch)
Salz
frisch gemahlener Pfeffer
1 gehäufter EL Tomatenmark
125 ml trockener Weißwein
1 Lorbeerblatt
1 Speckschwarte (etwa 100 g;
am besten Bio)
2 Dosen gehackte Tomaten
(à 400 g)
1 Bund Oregano
350 g Penne-Nudeln

Fertig in
1 Stunde 40 Minuten

Pro Portion
ca. 580 kcal, E 40 g,
F 13 g, KH 69 g

Dazu frisch gehobelter
Parmesan-Käse

➤— Zwiebel und Knoblauch abziehen und beides fein würfeln. Das Suppengrün putzen, abspülen und ebenfalls fein würfeln. 1 EL Butterschmalz in einer großen beschichteten Pfanne erhitzen, das vorbereitete Gemüse darin bei mittlerer Hitze etwa 10 Minuten braten und gelegentlich umrühren. Das geschmorte Gemüse herausnehmen und beiseitestellen.

➤— Das Fleisch trocken tupfen und in etwa ½ cm große Würfel schneiden. Restliches Butterschmalz in die heiße Pfanne geben. Fleischwürfel hineingeben und bei starker Hitze kräftig braun anbraten. Dabei das Fleisch mit einem Pfannenwender immer wieder wenden. Mit Salz und Pfeffer würzen.

➤— Das Tomatenmark unterrühren und alles noch weitere 3 Minuten braten. Den Weißwein dazugießen und etwa 5 Minuten bei starker Hitze kochen lassen. Gebratenes Gemüse, Lorbeerblatt und Speckschwarte dazugeben und unterrühren. Zum Schluss die gehackten Tomaten dazugeben. Die Bolognese etwa 1 Stunde bei kleiner Hitze zugedeckt kochen lassen. Gelegentlich umrühren, damit nichts anbrennt.

➤— Den Oregano abspülen, trocken schütteln, die Blätter abzupfen und, bis auf ein paar Blätter für die Deko, fein hacken. Die Bolognese mit Salz, Pfeffer und gehacktem Oregano würzen und die Speckschwarte entfernen.

➤— Nudeln in reichlich Salzwasser nach Packungsanweisung bissfest kochen. In einem Sieb kurz abtropfen lassen und mit der Bolognese mischen. Vor dem Servieren mit dem restlichen Oregano bestreuen.

Tipp

Diese Bolognese schmeckt auch mit Rindfleisch statt mit Wild – die Garzeit ändert sich dadurch nicht. Gut vorzubereiten: doppelte Menge kochen und einfrieren.

Bavette

MIT GEBRATENEN KRÄUTERN

À la Carbonara stockt die Eiersahne in den heißen Nudeln. Rosmarin, Salbei
und Petersilie geben ihr feines Kräuteraroma dazu

ZUTATEN

2 Portionen, vegetarisch

200 g Bavette-Nudeln
oder Spaghetti
Salz
2 Eier
3 EL Schlagsahne
frisch gemahlener Pfeffer
6 Blätter Salbei
1 kleiner Zweig Rosmarin
3 Stängel glatte Petersilie
2 EL Butter zum Braten
rosa Pfefferbeeren

➤ Die Nudeln nach Packungsanweisung in reichlich Salzwasser
bissfest kochen.

➤ Eier und Schlagsahne verquirlen und die Mischung mit Salz
und Pfeffer kräftig würzen.

➤ Kräuter abspülen, gut trocken schütteln und in grobe Stücke
zupfen. Die Butter in einer beschichteten Pfanne erhitzen und
Kräuter darin kurz anbraten.

➤ Die Nudeln in ein Sieb gießen, kurz abtropfen lassen und
wieder in den heißen Topf geben. Verquirlte Ei-Sahne-Mischung
über die Bavette-Nudeln geben und alles gut mischen.

➤ Auf Tellern anrichten und die gebratenen Kräuter mit der
Butter aus der Pfanne und grob zerstoßene rosa Pfefferbeeren
darübergeben. Sofort servieren.

 Fertig in 25 Minuten

 Pro Portion
ca. 605 kcal, E 21 g,
F 27 g, KH 70 g

 Dazu Parmesan-Käse

Farfalle

MIT MELONE UND SCHINKEN

Was alle als typisch italienische Vorspeise lieben, ist mit Pasta
in Pfefferrahm der absolute Renner

ZUTATEN

2 Portionen

200 g Farfalle-Nudeln
Salz
250 g Charentais-Melone
3 Lauchzwiebeln
1–2 TL Butter
125–150 g Crème fraîche
½ TL eingelegte grüne Pfefferkörner (Glas)
evtl. etwas Milch
75 g luftgetrockneter Schinken
in hauchdünnen Scheiben

→ Nudeln nach Packungsanweisung in reichlich Salzwasser
bissfest kochen.

→ Die Melone entkernen und das Fruchtfleisch von der Schale
schneiden. Fruchtfleisch in kleine Scheiben schneiden. Lauchzwiebeln putzen, abspülen und schräg in schmale Ringe schneiden.

→ Butter in einer großen beschichteten Pfanne erhitzen, Lauchzwiebeln darin kurz anbraten. Melone dazugeben und kurz braten. Crème fraîche und grünen Pfeffer mit in die Pfanne geben
und alles kurz schwenken.

→ Nudeln in einem Sieb abtropfen lassen, ebenfalls in die Pfanne geben und schwenken. Falls nicht genug Sauce da ist, noch
etwas Milch zu den Nudeln gießen. Auf Tellern anrichten. Schinken in Stückchen zupfen und darauflegen. Sofort servieren.

Fertig in 25 Minuten

Pro Portion
ca. 685 kcal, E 22 g,
F 29 g, KH 84 g

Spaghettini mit Himbeeren

IN GORGONZOLASAUCE

*Ungewöhnlich auf den ersten Blick, die Lieblingspasta des Sommer,
wenn man probiert hat. Versprochen!*

ZUTATEN

4 Portionen, vegetarisch

1 Knoblauchzehe
250 ml Gemüsefond oder -brühe
100 g Schlagsahne
60 g Walnusskerne
125 g Himbeeren
1 Bund glatte Petersilie
1 kleine Bio-Zitrone
375 g Spaghettini
Salz
150 g Gorgonzolakäse
frisch gemahlener Pfeffer

— Knoblauch abziehen und halbieren. Mit Fond bzw. Brühe und Sahne in einem Topf aufkochen. Bei mittlerer Hitze etwa 10 Minuten einkochen lassen, dabei einen Metalllöffel mit in den Topf geben, damit die Mischung nicht überkocht.

— Walnüsse grob hacken und in einer Pfanne ohne Fett anrösten. Herausnehmen und beiseitestellen. Himbeeren verlesen. Petersilie abspülen, trocken schütteln und die Blätter fein hacken. Zitrone heiß abspülen, trocken tupfen und die Schale fein abreiben. 1–2 EL Zitronensaft auspressen.

— Die Spaghettini in reichlich Salzwasser nach Packungsanweisung bissfest kochen.

— Die eingekochte Sauce vom Herd nehmen, die Knoblauchhälften entfernen und den Käse unter Rühren darin schmelzen lassen. Die Zitronenschale und den Zitronensaft dazugeben und die Sauce mit Salz und Pfeffer abschmecken.

— Die Spaghettini in ein Sieb abgießen und tropfnass mit der Gorgonzolasauce verrühren. Petersilie und Himbeeren untermischen und mit den gerösteten Walnüssen und etwas Pfeffer bestreuen.

 Fertig in 30 Minuten

 Pro Portion
ca. 650 kcal, E 24 g,
F 30 g, KH 69 g

Lasagne

MIT RICOTTA, ZUCCHINI UND GEKOCHTEM SCHINKEN

Zucchini und frische Tomatenscheiben machen diese Lasagnevariante
zum sommerlichen Genuss in leuchtend rot und grün

ZUTATEN

4 Portionen

RICOTTA-SAUCE

4 TL Butter
4 EL Mehl
400 ml Gemüsebrühe
320 g Ricotta-Käse
12 EL Parmesan-Käse (frisch gerieben)
Salz
frisch gemahlener Pfeffer
frisch geriebene Muskatnuss

FÜLLUNG

4 Zucchini (etwa 180 g)
4 Tomate
8 Zweige Thymian
4 EL Olivenöl
8 Scheiben Schinken (gekocht)
Öl (für die Form)

8 Lasagneblätter
Thymian (zum Bestreuen)

Fertig in 55 Minuten

Pro Portion
665 kcal, F 38g,
KH 39g, E 42g

FÜR DIE RICOTTA-SAUCE

— Butter in einem Topf schmelzen. Das Mehl dazugeben und unter Rühren andünsten. Gemüsebrühe und Ricotta unter Rühren dazugeben und aufkochen lassen. 1 EL geriebenen Parmesan in die Soße rühren und mit Salz, Pfeffer und Muskat abschmecken.

FÜR DIE FÜLLUNG

— Zucchini putzen, abspülen und in etwa 1 cm große Würfel schneiden. Die Tomate abspülen und in Scheiben schneiden. Thymian abspülen, trocken schütteln und die Blättchen abzupfen. ½ EL Olivenöl in einer Pfanne erhitzen. Gemüsewürfel darin andünsten und aus der Pfanne nehmen. Dann die Tomatenscheiben im restlichen Öl anbraten und mit Salz und Pfeffer würzen.

— Gekochten Schinken in Streifen schneiden. Lasagneblätter in sprudelndem Salzwasser etwa 5 Minuten lang weich kochen. Herausnehmen und abtropfen lassen. Den Backofen auf 200 Grad, Umluft 180 Grad, Gas Stufe 4 vorheizen.

— Eine ofenfeste Form mit Öl einstreichen und einen Löffel Soße in die Mitte geben. Ein Lasagneblatt zur Hälfte mit der Hälfte der Zutaten für die Füllung belegen und die andere Hälfte überklappen.

— Etwas Soße darauf verteilen und das zweite Blatt ebenso gefüllt darauf legen. Die restliche Soße daraufstreichen und im vorgeheizten Backofen etwa 30 Minuten backen. Vor dem Servieren mit Thymian bestreuen.

Spaghetti mit Spargel

UND GEBRATENEM FISCHFILET

Überraschend gut: Saftiger Kabeljau, Spargel und Pasta sollten sich
öfter in zitroniger Estragon-Sahnesauce treffen

ZUTATEN

4 Portionen

1 kg weißer Spargel
1 Bund Estragon
1 kleine Bio-Zitrone
2 EL Butterschmalz
4 Stücke weißes Fischfilet à 200 g
(z. B. Kabeljau; mit MSC-Siegel)
Salz
frisch gemahlener Pfeffer
250 g Spaghetti
200 g Schlagsahne
evtl. essbare Blüten für die Deko

— Spargel schälen und die Enden knapp abschneiden. Spargelköpfe abschneiden, längs halbieren und beiseitelegen. Restliche Spargelstangen längs in sehr dünne Streifen mit einem Messer schneiden oder Sparschäler schälen.

— Estragon abspülen und, bis auf ein paar Blättchen für die Deko, fein hacken. Zitrone heiß abspülen und die Schale fein abreiben. Saft auspressen.

— 1 EL Butterschmalz in einer beschichteten Pfanne stark erhitzen, Spargelköpfe darin anbraten. Herausnehmen. Fischfilets abspülen, trocken tupfen und mit Salz und Pfeffer würzen.

— Spaghetti in reichlich Salzwasser nach Packungsanweisung bissfest kochen. 1 Minute vor Ende der Garzeit die Spargelstreifen dazugeben und kurz mitkochen. In ein Sieb abgießen und dabei etwa 5 EL Kochwasser auffangen.

— Abgetropfte Spargel-Spaghetti und Nudelwasser zurück in den heißen Topf geben. Sahne, Zitronensaft und -schale, gehackten Estragon und Salz dazugeben und alles gut mischen. Spargelköpfe unterrühren und den Topf kurz zugedeckt auf die ausgeschaltete heiße Herdplatte stellen und erwärmen.

— Restliches Butterschmalz in der Pfanne erhitzen und die Fischfilets darin von beiden Seiten je 3 Minuten braten.

— Spargel-Spaghetti und Fischfilets anrichten, mit dem restlichen Estragon und eventuell mit den Blüten bestreuen. Sofort servieren.

Fertig in 50 Minuten

Pro Portion
ca. 605 kcal, E 47 g,
F 24 g, KH 49 g

Tsatsiki-Nudelsalat

Die Grillsaison ist eröffnet: Und Gurken, Knoblauch und Sahnejoghurt
machen aus Pasta einen griechischen Sommerhit

ZUTATEN

3 Portionen, vegetarisch

200 g Mini-Penne-Nudeln
Salz
1 kleine Salatgurke (etwa 400 g)
2 Knoblauchzehen
300 g griechischer Joghurt
oder Sahnejoghurt
2 EL Olivenöl
2–3 Stängel Minze
1 kleine rote Zwiebel
60 g kleine schwarze Oliven
Minzeblätter zum Bestreuen

— Nudeln nach Packungsanweisung in reichlich sprudelndem Salzwasser bissfest kochen. In ein Sieb gießen, kalt abspülen und gut abtropfen lassen.

— Gurke abspülen und schälen. Gurke der Länge nach halbieren und mit einem Teelöffel die Kerne herauskratzen. Das Fruchtfleisch auf der Gemüsereibe grob raspeln. Die Gurkenraspel in einem Sieb abtropfen lassen.

— Knoblauch abziehen und durch die Knoblauchpresse drücken. Knoblauch, Joghurt und 1 EL Olivenöl verrühren und mit Salz abschmecken.

— Die Minze abspülen, trocken schütteln, die Blättchen abzupfen und fein hacken. Die Gurkenraspel mit den Händen gut ausdrücken. Minze und Gurke unter den Joghurt rühren.

— Tsatsiki und Nudeln mischen. Zwiebel abziehen und in feine Ringe schneiden. Salat mit den Zwiebelringen, Oliven und Minzeblättern bestreuen, restliches Öl darüberträufeln und servieren.

 Ohne Wartezeit fertig in
30 Minuten

 Pro Portion
ca. 495 kcal, E 12 g,
F 26 g, KH 52 g

 Dazu kleine Schweine-
fleischspieße à la Souvlaki

Fernöstlich inspiriert

In Asien stehen Nudeln für ein langes Leben,
vor allem, wenn sie selber schön lang sind.
Und nicht nur deshalb werden sie dort sehr geschätzt:
In Woks und Suppen sorgen schnelle Nudeln
aus Buchweizen, Reis und Hülsenfrüchten in den
regionalen Küchen für köstliche Abwechslung.
Schicken Sie Ihren Gaumen auf Reisen von
Orient bis Asien

Glasnudeln mit Garnelen

Die volle Aromenvielfalt exotischer Gewürze steckt in diesem leicht erfrischenden Nudelgericht – perfekt für alle Thailand-Liebhaber

ZUTATEN

6 Portionen

500 g rohe Riesengarnelen
mit Kopf (am besten Bio)
1 Stück frischer Ingwer (20 g)
2 Schalotten
3 Knoblauchzehen
2 rote Chilischoten
2 Stängel Zitronengras
1 TL Pfefferkörner
1 TL Korianderkörner
2 EL Fischsauce
3 EL Limettensaft
100 ml Kokosmilch (Dose)
1 EL Zucker
100 g Cashewkerne
250 g Glasnudeln
4 Stängel Koriander
4 Stängel Thai-Basilikum

▬ Die Garnelen abspülen, in leicht gesalzenes kochendes Wasser geben und etwa 3–5 Minuten kochen. Garnelen mit einer Schaumkelle aus dem Wasser heben. Kopf und Schalen vom Fleisch lösen und Köpfe und Schalen wieder zurück ins Kochwasser geben. Bei großer Hitze ohne Deckel etwa 30 Minuten zur Garnelenbrühe kochen.

▬ Ingwer, Schalotten und Knoblauch schälen und grob hacken. Chilischoten längs aufschneiden, entkernen und abspülen (mit Küchenhandschuhen arbeiten). Das Zitronengras putzen (harte äußere Blätter und Wurzelansatz entfernen) und die Stängel in kleine Stücke schneiden.

▬ Den Ingwer, die Schalotten, Knoblauch, Chili, Zitronengras, Pfeffer, Koriander, Fischsoße und den Limettensaft im Mixer fein zerkleinern. Garnelenbrühe durch ein feines Sieb gießen.

▬ Die Würzmischung in einer Pfanne erhitzen, bis sich ein würziger Duft verbreitet. 200 ml Garnelenbrühe, Kokosmilch und Zucker dazugeben und aufkochen. Vom Herd nehmen und die ausgelösten Garnelen zufügen.

▬ Die Cashewkerne in einer Pfanne ohne Fett unter Rühren leicht rösten. Glasnudeln mit einer Schere in Stücke schneiden und nach Packungsanweisung mit kochendem Wasser überbrühen. Glasnudeln in einem Sieb abtropfen lassen und mit den gerösteten Cashewkernen, den Garnelen und der Soße mischen. Kräuter abspülen, trocken schütteln, grob hacken und über den Salat streuen.

 Fertig in 50 Minuten

 Pro Portion
285 kcal, E 20 g,
F 10 g, KH 27 g

Mie-Nudeln

MIT HÄHNCHEN UND GRÜNEM GEMÜSE

Gut gegen Fernweh: Chili-Pak-Choi und süß-sauer mariniertes
Hähnchen mit Asia-Nudeln

ZUTATEN

4 Portionen

HÄHNCHEN

2 Knoblauchzehen
150 ml Sojasauce
2 EL Fischsauce (Asialaden)
½ TL gemahlener schwarzer
Pfeffer
2 EL flüssiger Akazienhonig
4 Hähnchenkeulen à 300 g

GEMÜSEMISCHUNG

250 g Pak-Choi
1 kleine rote Peperoni
300 g Mie-Nudeln (gedrehte
Weizennudeln; im Asialaden;
oder Chuka-Soba-Nudeln)
Salz
3 EL Öl
20 g eingelegter Ingwer
1 Bund Thai-Basilikum

FÜR DAS HÄHNCHEN

— Knoblauch abziehen und sehr fein hacken. Knoblauch, Soja-
und Fischsauce, 150 ml lauwarmes Wasser, Pfeffer und Honig
in einer Schüssel gut verrühren.

— Keulen abspülen, trocken tupfen und das Fleisch mit einem
scharfen Messer vorsichtig vom Knochen lösen, dabei die Haut
dranlassen. Das Fleisch in Stücke schneiden. Fleischstücke in die
Schüssel geben und gut mit der Marinade mischen. Abgedeckt
bei Zimmertemperatur 1 Stunde ziehen lassen.

FÜR DIE GEMÜSEMISCHUNG

— Pak-Choi abspülen, trocken schütteln, den Stiel knapp abschneiden und die Blätter einzeln ablösen. Peperoni abspülen,
längs in dünne Streifen schneiden. Kerne dabei entfernen.

— Nudeln nach Packungsanweisung in reichlich Salzwasser
kochen.

— Öl in einer großen Pfanne erhitzen. Hähnchenfleisch abtropfen lassen und darin unter Rühren scharf anbraten. Nach 4 Minuten Kohl und Chili dazugeben und etwa 1 Minute weiter-
braten. Restliche Marinade der Keulen dazugießen. Vom Herd
nehmen.

— Nudeln abgießen, abtropfen lassen und mit der Fleisch-
Gemüse-Mischung und den eingelegten Ingwerscheiben locker
mischen. Basilikum über die Nudeln streuen und servieren.

Ohne Wartezeit fertig in
45 Minuten

Pro Portion
ca. 815 kcal, E 63 g,
F 36 g, KH 60 g

Glasnudelsalat

MIT HÄHNCHEN UND SPINAT

Als Vorspeise – oder aufs Büffet damit: Und falls Sie Vegetarier erwarten,
servieren Sie das Hähnchenfleisch extra dazu

ZUTATEN

2 Portionen

300 g Hähnchenbrustfilets
(am besten Bio)
Salz
1 EL Öl
100 g Glasnudeln
1 rote Pfefferschote
30 g frischer Ingwer
3 EL Sojasauce
3 EL geröstetes Sesamöl
200 g Spinatblätter
frisch gemahlener Pfeffer
2–3 EL Limettensaft
2 EL gesalzene geröstete
Erdnusskerne
Limettenspalten

— Filets abspülen, trocknen, salzen und in heißem Öl in einer
Pfanne goldbraun braten. Pfanne abdecken und bei kleiner Hitze
weitere 15 Minuten schmoren.

— Glasnudeln mit kochendem Wasser übergießen, salzen und
5 Minuten stehen lassen. Pfefferschote putzen, abspülen und in
kleine Stücke schneiden. Ingwer schälen und fein reiben.

— Glasnudeln abgießen, mit Sojasauce, Sesamöl, Pfefferschote
und Ingwer mischen. Spinat verlesen, abspülen und klein schneiden. Fleisch aus der Pfanne nehmen. Spinat im Bratfett kurz andünsten.

— Fleisch in Scheiben schneiden und mit dem Spinat unter die
Glasnudeln heben. Mit Salz, Pfeffer und Limettensaft abschmecken. Erdnüsse darüberstreuen. Mit Limettenspalten anrichten.

Fertig in 30 Minuten

Pro Portion
ca. 600 kcal, E 44 g,
F 35 g, KH 27 g

Soba-Nudeln

MIT SCHWARZEN BOHNEN UND SESAM-TOFU

Nicht nur exotisch, sondern genial: Soba-Nudeln sind aus Buchweizen und schmecken heiß oder kalt

ZUTATEN

3 Portionen, vegetarisch

10 g frischer Ingwer
4 EL helle Sojasauce
300 g Tofu
2 Schälchen Daikon-Kresse
(etwa 40 g; siehe Tipps)
300 g Soba-Nudeln
1 kleine Dose schwarze Bohnen
(200 g Abtropfgewicht)
3 EL helle Sesamsaat
4 EL Erdnussöl
4 EL schwarze Bohnensauce
(siehe Tipps)
frisch gemahlener Pfeffer
1 Limette

← Ingwer schälen, fein würfeln und mit Sojasauce mischen. Tofu abtropfen lassen, trocken tupfen und in 6 Scheiben schneiden. Scheiben diagonal halbieren und in der Soja-Ingwer-Sauce 10 Minuten marinieren, dabei einmal wenden. Daikon-Kresse mit einer Schere von den Beeten schneiden, abspülen und trocken schleudern.

← Die Soba-Nudeln in reichlich kochendem Wasser in etwa 3 Minuten unter gelegentlichem Rühren bissfest kochen. In ein Sieb abgießen und dabei 100 ml Nudelwasser auffangen. Nudeln kalt abspülen und gut abtropfen lassen.

← Die schwarzen Bohnen in ein Sieb geben, mit kaltem Wasser abbrausen und gut abtropfen lassen. Tofuscheiben aus der Marinade nehmen, abtropfen lassen und in der Sesamsaat wenden. Beiseitestellen.

← 2 EL Öl in einer großen beschichteten Pfanne erhitzen und die Tofuscheiben darin bei mittlerer Hitze von beiden Seiten goldgelb braten. Tofu beiseitestellen und warm halten. Restliches Öl in einem Wok oder einer großen beschichteten Pfanne erhitzen und die Bohnen darin bei mittlerer Hitze kurz anbraten. Bohnensauce dazugeben und 1 Minute köcheln lassen. Nudeln dazugeben und unter Rühren weitere 1–2 Minuten garen, dabei nach und nach das aufgefangene Nudelwasser dazugießen. Mit Pfeffer würzen.

← Nudeln, Tofu und Kresse anrichten und mit Limettenspalten servieren.

Fertig in 30 Minuten

Pro Portion
ca. 475 kcal, E 19 g,
F 28 g, KH 38 g

Bratnudeln

MIT HACKFLEISCH IN PIKANTER SAUCE

Mit Möhren, Tomaten, Zuckerschoten und Spitzkohl in süß-scharfer Sauce mit Rosinen. Wer mag, kann auch helle Weizen-Spaghetti nehmen

ZUTATEN

4 Portionen

SAUCE

1 kleines Bund Oregano
2 EL goldene Rosinen (oder normale)
1 rote Chilischote
3 EL Agavendicksaft
3 EL Sojasauce
4 EL Limettensaft

BRATNUDELN

150 g Spitzkohl
200 g Möhren
2 Lauchzwiebeln
300 g gelbe und rote Kirsch-tomaten
100 g Zuckerschoten
50 g Paranusskerne
200 g Dinkel-Spaghetti
Salz
frisch gemahlener Pfeffer
3 EL Rapskernöl

300 g gemischtes Hackfleisch (am besten Bio)
1½ EL Tomatenmark

 Fertig in 50 Minuten

 Pro Portion
ca. 625 kcal, E 25 g,
F 33 g, KH 56 g

FÜR DIE SAUCE

— Oregano abspülen, trocken schütteln und die Blätter grob hacken. Rosinen ebenfalls grob hacken. Chili abspülen, entkernen und fein würfeln (mit Küchenhandschuhen arbeiten). Oregano, Rosinen, Chili, Agavendicksaft, Sojasauce und Limettensaft verrühren.

FÜR DIE BRATNUDELN

— Spitzkohl putzen, dabei den Strunk herausschneiden. Kohl in feine Streifen schneiden. Möhren putzen, abspülen und in feine Scheiben schneiden. Lauchzwiebeln putzen, abspülen und in dünne Ringe schneiden. Tomaten abspülen und halbieren. Zuckerschoten putzen, abspülen, ebenfalls halbieren. Paranüsse grob hacken.

— Nudeln nach Packungsanweisung in Salzwasser knapp gar kochen, in einem Sieb abtropfen lassen.

— 1 EL Öl in einer sehr großen Pfanne oder einem Wok erhitzen, das Fleisch darin unter Wenden goldbraun braten. Mit Salz, Pfeffer, Tomatenmark würzen. Herausnehmen und beiseitestellen.

— Restliches Öl in die Pfanne geben und das vorbereitete Gemüse darin etwa 5 Minuten bei starker Hitze braten.

— Nudeln und Hackfleisch in die Pfanne geben und so lange braten, bis die Flüssigkeit verdampft ist.

— Bratnudeln mit Salz und Pfeffer abschmecken und mit Paranüssen bestreuen. Die Sauce dazureichen.

Kalte Glasnudelsuppe

Kirschtomaten, Koriander und Surimi in würzigem Tomatensud.
Auf die Löffel und sich fühlen wie in Vietnam

ZUTATEN

4 Portionen

400 ml Tomatensaft
1 kleine rote Chilischote
Salz
2 Limetten
einige Spritzer Fischsauce
(Asialaden)
1–2 TL geröstetes Sesamöl
50 g Glasnudeln
200 g Kirschtomaten
200 g Surimi (Fischformfleisch;
Kühlregal)
½ Bund Koriander
1 EL geschälte Sesamsaat

► Ein feines Sieb doppellagig mit einem Mulltuch auslegen und den Tomatensaft über Nacht darin abtropfen lassen. Dabei das helle Tomatenwasser auffangen. Am nächsten Tag das aufgefangene Tomatenwasser mit Wasser auf etwa 800 ml Flüssigkeit auffüllen.

► Die Chilischote halbieren, entkernen, abspülen und in feine Streifen schneiden (mit Küchenhandschuhen arbeiten). Tomatenbrühe zusammen mit Salz und Chili erwärmen, vom Herd nehmen und ganz abkühlen lassen.

► Limetten auspressen und den Saft in die Brühe rühren. Mit Fischsauce und Sesamöl abschmecken und kalt stellen.

► Glasnudeln mit reichlich kochendem Wasser übergießen und 4–5 Minuten quellen lassen. In ein Sieb gießen, kalt abspülen, gut abtropfen lassen und am besten mit einer Schere in nicht zu lange Stücke schneiden.

► Die Kirschtomaten abspülen, trocknen und vierteln. Surimi schräg in dicke Scheiben schneiden. Koriander abspülen, gut trocken schütteln und die Blätter von den Stielen zupfen. Die Sesamsaat in einer Pfanne ohne Fett goldbraun rösten. Alles mit der gut gekühlten Tomatenbrühe mischen und servieren.

 Ohne Wartezeit fertig in
30 Minuten

 Pro Portion
ca. 140 kcal, E 5 g,
F 5 g, KH 19 g

 Dazu Krupuk (Krabben-
chips; Asialaden)

Gebratene Thai-Nudeln

MIT BUNTEM GEMÜSE

Beste Reste für Ihre Garküche: Hinein können Möhren, Paprika, Brokkoli
oder was Ihr Kühlschrank hergibt

ZUTATEN

2 Portionen

½ rote Chilischote
2 EL geröstete Erdnüsse
500 g gemischtes Gemüse
2 EL Apfelessig
1 EL Akazienhonig
2–3 EL Teriyaki-Sauce
20 g frische Ingwerknolle
1 Knoblauchzehe
1 rote Zwiebel
4 TL Rapsöl
60 g Wok-Instant-Nudeln
ein paar Kräuter (z. B. Schnitt-
lauch, Koriander oder Petersilie)

→ Chili in feine Ringe schneiden. Erdnüsse grob hacken. Gemüse in gleich große Stücke schneiden.

→ Apfelessig, Akazienhonig und Teriyaki-Sauce verrühren.

→ Feine Ingwer-, Knoblauch- und Zwiebelwürfel in Rapsöl glasig dünsten. Gemüse zugeben und unter Rühren 2–3 Minuten braten.

→ Nudeln und ca. 70 ml warmes Wasser zugeben und 3–5 Minuten braten. Würzsauce unterrühren. Nudeln mit Chili, Erdnüssen und Kräutern bestreuen und anrichten.

Fertig in 25–30 Minuten

Pro Portion
ca. 380 kcal, E 10 g,
F 15 g, KH 51 g, ED 0,9

Scharfe Linguine

MIT BOHNEN UND KOKOSMILCH

Pasta und grüne Bohnen in Kokosmilch mit Ingwer und Knoblauch –
köstlicher kann Crossover nicht schmecken

ZUTATEN

4 Portionen, vegetarisch

400 g grüne Bohnen (evtl. TK)
Salz

SAUCE

1 Zwiebel
1 Knoblauchzehe
1 EL Butterschmalz
1 Stück frischer Ingwer (2 cm)
1 Dose Kokosmilch (400 ml)
1 Limette
Harissa (scharfe Würzpaste
gibt's im Feinkostladen; ersatzweise Sambal Oelek nehmen)
400 g Linguine oder Makkaroni

← Von den Bohnen die Enden knapp abschneiden. Bohnen eventuell entfädeln, abspülen und in sprudelnd kochendem Salzwasser etwa 10 Minuten bissfest kochen (TK-Bohnen 5 Minuten kochen). Die Bohnen in ein Sieb abgießen, mit kaltem Wasser abspülen und gut abtropfen lassen.

FÜR DIE SAUCE

← Zwiebel und Knoblauch abziehen und fein würfeln. Butterschmalz in einem großen Topf erhitzen und die Zwiebel- und Knoblauchwürfel darin glasig dünsten. Ingwer schälen und durch eine Knoblauchpresse zu dem Zwiebel-Knoblauch-Gemisch drücken. Die Kokosmilch dazugießen und alles einmal aufkochen lassen.

← Limette heiß abspülen, trocken tupfen, die Schale fein abreiben und den Saft auspressen. Die Sauce mit etwas Limettenschale, -saft und Harissa verrühren und mit Salz abschmecken.

← Die Nudeln in reichlich Salzwasser nach Packungsanweisung etwa 9–10 Minuten bissfest kochen. Nudeln abgießen, in einem Sieb kurz kalt abspülen und abtropfen lassen.

← Die Bohnen kurz in der Sauce erhitzen und alles mit den Nudeln mischen. Sofort servieren.

 Fertig in 40 Minuten

 Pro Portion
ca. 605 kcal, E 17 g,
F 25 g, KH 76 g

Nudeln mit Kichererbsen
UND KORIANDER

Ein Hauch von Orient: Würzige Tomatensauce, Joghurt und Sesamsalz
zeigen Pasta mal von einer anderen Seite

ZUTATEN

3 Portionen, vegetarisch

1 kleine Dose Kichererbsen
(240 g Abtropfgewicht)
1 Zwiebel
30 g Ingwerknolle
1 Knoblauchzehe
2 EL Olivenöl
1 TL Kreuzkümmelsaat (Cumin)
1 Packung passierte Tomaten
(400 g)
Salz
frisch gemahlener Pfeffer
1 Prise Zucker
1 EL Sesamsaat
1 TL grobes Meersalz
1 Bund Koriander
200 g Vollmilchjoghurt
200 g kleine kurze Nudeln

— Die Kichererbsen in ein Sieb gießen, kurz kalt abspülen und gut abtropfen lassen. Die Zwiebel, den Ingwer und den Knoblauch schälen und alles fein würfeln oder hacken.

— Öl in einem Topf erhitzen. Zwiebel, Ingwer, Knoblauch und Kreuzkümmel darin anbraten. Passierte Tomaten und 100 ml Wasser dazugießen und aufkochen. Kichererbsen ebenfalls dazugeben und mit Salz, Pfeffer, Zucker würzen. Zugedeckt bei mittlerer Hitze etwa 10 Minuten kochen lassen.

— Sesam und Meersalz in einem Mörser fein zerstampfen. Die Sesammischung in einer Pfanne ohne Fett so lange rösten, bis sie zu duften beginnt, und dabei gut rühren.

— Koriander abspülen, trocken schütteln und die Blätter eventuell grob zupfen. Den Joghurt glatt rühren.

— Die Nudeln in Salzwasser nach Packungsanweisung bissfest kochen. Kurz in einem Sieb abtropfen lassen. Nudeln, Kichererbsensauce, Joghurt und Koriander anrichten. Mit dem Sesamsalz bestreuen und servieren.

 Fertig in 40 Minuten

 Pro Portion
ca. 430 kcal, E 15 g,
F 16 g, KH 57 g

Lange Nudeln mit Hackbällchen

UND ROSINEN-PINIENKERNE-MISCHUNG

Streusel aus Rosinen, Pinienkernen, Petersilie und Kapern
sorgen für Biss und das gewisse Etwas

ZUTATEN

2 Portionen

120 g Schweinemett
(am besten Bio)
1 EL Semmelbrösel
1 Eigelb (Größe S)
1 TL Tomatenmark
1 gehäufter EL Rosinen
1 gehäufter EL Pinienkerne
3 TL Olivenöl
1 EL abgetropfte Kapern (Glas)
½ Bund glatte Petersilie
200 g Nudeln (z. B. lange
Makkaroni)
Salz
frisch gemahlener Pfeffer

← Mett, Semmelbrösel, Eigelb und Tomatenmark zu einem glatten Teig verkneten. Mit angefeuchteten Händen daraus 8–10 kleine Bällchen rollen.

← Rosinen und Pinienkerne grob hacken. 1 TL Öl in einer beschichteten Pfanne erhitzen und die Kapern darin stark anbraten. Pinienkerne und Rosinen zufügen und kurz mitbraten. Herausnehmen. Petersilie abspülen, trocknen, hacken und untermischen.

← Nudeln nach Packungsanweisung in Salzwasser kochen.

← Restliches Öl in der Pfanne erhitzen, Mettbällchen darin rundherum etwa 10 Minuten braten. Pfanne dabei schließen.

← Nudeln abgießen, tropfnass zu den Mettbällchen geben und schwenken. Mit Rosinenstreuseln und Pfeffer bestreuen.

Fertig in 30 Minuten

Pro Portion
ca. 740 kcal, E 27 g,
F 33 g, KH 82 g

Dazu Tomatensalat

Fusilli in Orangen-Safran-Sauce

MIT ALGENSALAT ODER GARNELEN

Ungewöhnlich und so gut, dass Sie ganz groß rauskommen, wenn Sie Ihre
Gäste mit leckerer Luxus-Pasta überraschen

ZUTATEN

4 Portionen

ORANGEN-SAFRAN-SAUCE

2 Schalotten
3 Orangen à 130 g
1 EL Butter
1–1½ EL Mehl
200 g Schlagsahne
4 Fäden Safran
Salz
frisch gemahlener Pfeffer
rosa Pfefferbeeren zum Bestreuen

MIT ALGEN

400 g grüner Algensalat mit
Sesam (siehe Tipp)
evtl. 1 EL Sesamsaat

MIT GARNELEN

12 küchenfertige Riesengarnelen
(à 25–30 g, geschält und entdarmt)
1 EL Öl zum Braten
2 EL Sesamsaat
1–2 EL geröstetes Sesamöl zum
Würzen

400 g Fusilli-Nudeln

Fertig in 35 Minuten

Pro Portion mit Algen
ca. 705 kcal, E 19 g,
F 28 g, KH 93 g
mit Garnelen
ca. 755 kcal, E 34 g,
F 31 g, KH 83 g

FÜR DIE ORANGEN-SAFRAN-SAUCE

← Die Schalotten abziehen und fein würfeln. 2 Orangen so dick schälen, dass die weiße Haut vollständig mit entfernt wird. Mit einem scharfen Messer die Orangenfilets zwischen den Trennwänden herauslösen. Den Saft dabei auffangen. Die letzte Orange auspressen.

← Die Butter in einer großen Pfanne erhitzen und die Schalottenwürfel darin glasig dünsten. Etwa 5 EL Orangensaft dazugießen und einkochen lassen. Das Mehl darüberstäuben und ebenfalls andünsten. Die Sahne dazugießen und kräftig rühren, damit keine Klümpchen entstehen. Die Sahnemischung 5 Minuten kochen lassen.

← Restlichen Saft und Safranfäden gut verrühren und in die kochende Sahne rühren. Die Safransauce aufkochen, salzen und pfeffern und die Orangenfilets darin erhitzen.

FÜR DIE ALGEN

← Algensalat in ein Schälchen geben und bei Zimmertemperatur servieren. Eventuell mit etwas Sesamsaat bestreuen.

FÜR DIE GARNELEN

← Garnelen eventuell abspülen und trocken tupfen. Öl in einer Pfanne erhitzen und die Garnelen darin von jeder Seite etwa 2–3 Minuten braten. Dabei den Sesam darüberstreuen und kurz mitrösten. Die Garnelen mit Sesamöl, Salz und Pfeffer würzen.

← Fusilli nach Packungsanweisung in Salzwasser bissfest kochen. 1 Kelle Nudelwasser (etwa 150 ml) unter die Orangensauce rühren. Fusilli abgießen und abtropfen lassen, mit der heißen Orangensauce mischen, rosa Pfefferbeeren darüberstreuen.

← Den marinierten Algensalat oder die Sesam-Garnelen dazu servieren.

Tipp

*Grünen Algensalat mit Sesam
gibt es in gut sortierten Fisch- oder
Feinkostläden zu kaufen.*

Wissenswertes über die Nudel

Die Auswahl im Nudelregal ist riesig. Mehr als 300 Sorten soll es geben – genug also, um Pasta immer wieder neu zu entdecken und zu genießen. Aber was ist was? Und welche passt zu welcher Sauce? Hier finden Sie einen Überblick der beliebtesten Sorten und erfahren, aus was die Nudeln in Asien gemacht werden. Plus: Worauf Sie achten sollten, wenn Sie Nudeln selber machen

Die große Pasta-Vielfalt

Rund sechs Kilogramm Nudeln isst jeder Deutsche pro Jahr: Lange dünne, kurze hohle, kunstvoll gedrehte – die Auswahl ist groß und die Form entscheidet, für welches Gericht sie sich eignet. Die Endung der Namen ist eine kleine Hilfestellung, um bei dem riesigen Angebot den Überblick zu behalten: So ist eine Nudeln mit -tti am Ende schmaler, ein -elli verbreitert sie, -ini sind kleiner und -oni größer als die ursprüngliche Form.

Spaghetti sind wohl die bekanntesten weit und breit. Mit ihrer dünnen, langen Form passen sie zu allen Gerichten, die durch einfache, aber köstliche Zutaten begeistern: Eine schlichte Tomatensauce, ganz pur mit Knoblauch und Olivenöl, mit Gemüsestreifen oder Pesto sind perfekte Begleiter. Ähnliche Sorten, die Spaghetti vertreten können sind Capellini, Linguine, Trenette oder Bavette.

Tagliatelle sind breite Bandnudeln, die durch ihre breite Oberfläche besonders gut Flüssigkeiten aufnehmen und sich daher perfekt eignen, um besonders aromatische Saucen – von sanfter Sahnesauce bis würzigem Bratfond – zu begleiten. Pappardelle, die noch etwas breiter sind, mögen kräftige Fleischsaucen.

Fussili, die spiralförmig gedreht sind, lassen viel Platz und Raum für Saucen und sind ideale Geschmacksträger. Wegen ihrer kurzen Form lässt sie sich auch sehr gut mit Gemüse kombinieren.

Makkaroni sind lange Röhren, Rigatoni oder Penne, die Kurzform dazu. Sie lassen Saucen in ihr Inneres und sind deshalb die perfekten Auflaufnudeln. Häufig müssen sie nicht einmal vorgekocht werden, sondern garen direkt in Béchamel- oder Tomatensauce und sind dadurch dann besonders aromatisch. Ein Klassiker sind sie mit Sauce all'arrabiata.

Tortellini sind ringförmig und lassen sich genauso wie die quadratischen Ravioli vielseitig füllen, von würzigem Käse, Hackfleisch oder püriertem Gemüse, meist mit schlichten Saucen und Butter, um den Eigengeschmack der gefüllten Pasta zu betonen. Eilige können auf frische Pasta vom Markt oder aus dem Kühlregal zurückgreifen. Sie sind eine gute Alternative zum Selbermachen.

Lasagne besteht aus großen und eckigen Teig-platten, die mit Gemüse, Hack oder Fisch ge-schichtet und mit Käse überbacken, zu köstli-chen Aufläufen werden. Auch hier spart man sich das Vorgaren und die Platten garen direkt in der Sauce.

Die meisten Nudelsorten gibt es mittlerweile auch aus vollem Korn. Sie schmecken etwas intensiver nach Getreide und haben deshalb lange unter ihrem Öko-Image gelitten. Mittler-weile sind sie aber immer höher im Kurs. Denn durch die Vielzahl an Getreide, aus denen **Voll-kornnudeln** gemacht werden, bieten sie sehr viel Abwechslung. Außer aus Hart- oder Weich-weizen werden sie auch aus Roggen, Buchwei-zen, Dinkel, Grünkern, Mais oder Kamut her-gestellt.

Außer in Italien spielen Nudeln auch in Asien eine große Rolle

Asiatische Nudeln sind meist schlicht und lang. Und das aus gutem Grund: Sie machen den Stäbchenessern das Leben leicht, da sich lange Nudeln leichter in den Mund schlürfen lassen. Die Zutaten bei Asia-Nudeln sind dafür umso vielfältiger: Neben Weizenmehl sind Mungo-bohnenstärke, Reis- oder Yamswurzel- und Buch-weizenmehl häufig die Basis.

Was bei uns Burger, Döner oder Pommes sind, ist in Asien oft die schnelle Nudel für zwischen-durch: Ob als kräftige Suppe zum Frühstück oder im Wok gebraten als Imbiss – Nudeln mag man dort eigentlich immer. Kein Wunder also, dass die Garküchen am Straßenrand in asiati-schen Städten rund um die Uhr köstliche Nu-delgerichte bereithalten.

Glasnudeln werden aus der Stärke von Mun-go- bzw. Sojabohne hergestellt, die japanische Version aus Süßkartoffeln. Die langen, hauch-dünnen, transparenten Nudeln müssen nicht gekocht, sondern nur in heißem Wasser einge-weicht werden, sonst verlieren sie ihre glatte, bissfeste Konsistenz. Mit ihrem neutralen Ge-schmack sind sie oft in Suppen oder Salaten mit intensiven Aromen wie Chili, Koriander oder Limetten zu finden.

Reisnudeln, aus Reisstärke und Wasser be-stehend, gibt es von fadendünn bis bandnudel-breit. Mit ihrem dezenten Reisgeschmack wer-den sie in Suppen, Salaten oder Wokgerichten der südostasiatischen Küche eingesetzt. Es gibt drei Varianten, um sie zu garen: durch Kochen, durch Einweichen und anschließendes Über-brühen mit kochendem Wasser, in dem man die Nudeln dann garziehen lässt. Am besten wirft man einen Blick auf die Packungsanweisung, dann gelingen sie garantiert.

Eiernudeln, zum Beispiel chinesische Faden-nudeln, sind oft in der indonesischen Küche zu Hause. Hergestellt werden sie aus Weizenmehl und Ei und in verschiedenen Stärken, von dick bis dünn, angeboten. Auch als schnelle Instant-nudel ist sie zu haben und dann die ideale Brat-nudel für Wokgerichte.

Pasta selber machen

Pasta macht glücklich. Und wer sie selbst macht, erlebt das Glück gleich doppelt: beim Teigkneten und beim Genießen der hausge-machten Teigwaren. Es braucht zwar ein biss-chen Zeit, aber es lohnt sich. Denn selbst ge-macht schmecken Nudeln einfach viel besser als aus der Packung. Am besten ist ein Teig mit Zugabe von Eiern, diese sorgen dafür, dass sich der Teig gut verarbeiten lässt und schön ge-schmeidig wird.

Wichtig für ein gutes Gelingen ist, dass alle Zu-taten gut temperiert sind, also vor allem die Eier nicht direkt aus dem Kühlschrank kommen. Der Teig muss gründlich durchgeknetet werden und dann zugedeckt ruhen. Nach dem Ausrol-len können die Nudeln sofort zubereitet werden oder man lässt sie über Nacht trocknen und be-reitet sie am nächsten Tag zu. Am schnellsten lassen sich die Platten von Hand schneiden oder mithilfe einer Nudelmaschine in die ge-wünschte Form bringen. Rezepte mit selbst ge-machten Nudelteigen, zum Beispiel für Ravioli, finden Sie auf den Seiten 20, 24, 44, 84 darun-ter sogar einen mit Vollkornmehl auf Seite 52 und einen mit Buchweizenmehl auf Seite 96.

Weizennudeln, wie die chinesischen Bandnu-deln ohne Ei, namens Mee oder Mie, werden in Blöcken verkauft und sind oft in indonesischen Suppen zu finden. In Japan heißen diese Ra-men. Auch die dicken Udon- oder japanische Somen-Nudeln sind oft als Suppeneinlage im Einsatz. Weil sie aus Weichweizen sind und häufig vorbehandelt wurden, müssen sie oft nur quellen bzw. kurz garen, haben aber weniger Biss als unsere Pasta.

Buchweizennudeln erinnern am ehesten an Vollkornnudeln. Sie schmecken schön nussig und liefern deutlich mehr Nährstoffe als andere Weizennudeln. Die dunklen Soba-Nudeln wer-den oft zusätzlich mit Grüntee eingefärbt und aromatisiert.

Edel Books
Ein Verlag der Edel Germany GmbH

Copyright © 2014 Edel Germany GmbH,
Neumühlen 17, 22763 Hamburg
www.edel.com
1. Auflage 2014

BRIGITTE Kochbuch-Edition ist eine Marke der Zeitschrift BRIGITTE
– Alle Rechte vorbehalten –

Alle Rezepte stammen aus der BRIGITTE.
Chefredakteurin BRIGITTE: Brigitte Huber
Stellvertretende Chefredakteurinnen: Claudia Hohlweg (Art), Claudia Münster

Projektleitung und Koordination: Jelena Jenzsch (BRIGITTE), Constanze Gölz (Edel)
Rezepte (Produktion und Foodstyling): BRIGITTE Kochressort
Rezeptauswahl: Antje Klein, Constanze Gölz, Julia Sommer
Texte: Antje Klein
Textlektorat: Claudia Münster
Lektorat und Redaktion: Constanze Gölz, Julia Sommer
Korrektorat: Brigitte Hamerski
Fotografien im Innenteil: Thomas Neckermann mit Ausnahme der Seite 51
von Wolfgang Schardt
Coverfotografien: Wolfang Schardt mit Anne-Katrin Weber (Foodstyling)
und Maria Grossmann (Styling)
Layout, Satz und Covergestaltung: Lars Hammer und Carolin Beck für
Groothuis. Gesellschaft der Ideen und Passionen mbH, Hamburg | www.groothuis.de
Lithografie: Frische Grafik, Hamburg
Druck und Bindung: optimal media GmbH, Glienholzweg 7
17207 Röbel/Müritz

Printed in Germany
ISBN 978-3-8419-0305-1

PEFC
PEFC/04-31-1846

PEFC zertifiziert

Dieses Produkt
stammt aus
nachhaltig
bewirtschafteten
Wäldern und
kontrollierten
Quellen
www.pefc.org